김좌년의 와인 오디세이

문화를 음미하다

김좌년의 와인 오디세이

문화를 음미하다

한량 김좌년

이 책의 저자 김좌년(金佐年)은 한량(閑良)이다. 세월을 잘못 타고나서 그렇지 조선시대에 살았다면 입동이 지난 이맘때쯤 김좌년은 백마를 타고 가죽을 덧댄 어깨 위에 해동청 보라매를 앉히고 허리춤엔 오동통 살이 오른 장끼를 주렁주렁 매달고 개선장군처럼 저자거리에 나타나 문우(文友)들을 데리고 명월관(明月館)으로 들어갔을 것이다.

풍류가 사라진 각박한 요즘 세상에서도 김좌년은 한량 끼를 풍긴다. 우선 허우대가 멀쩡하다. 육척을 훨씬 넘긴 쭉 빠진 장신에 이목구비가 시원하고 통 크고 따뜻한 가슴은 천하의 마당발로 통한다.

김좌년은 안동(安東)의 명문가 칠형제 중 다섯째다. 뭇 사람들은 그 집을 '공부 잘 하는 집'으로 불렀다. 그러나 그 집을 잘 아는 사람들은 그 말에 토를 달았다. "다섯째만 빼고!"

사법고시 합격하고, 경기중학교에 들어가고, 행정고시 합격하고, 경북고에 들어가고, 고려대 상대, 독일유학 철학박사, 현대자동차 사장…. 그 집 형제들의 화려한 스펙에 김좌년은 한 번도 끼어들지 못했다. 그 형제들이 하나같이 흐트러짐 없이 반듯한 이성적(理性的)인데 반하여 헐

렁한 김좌년은 감성적(感性的)이다.

하오나, 김좌년은 가장 멋지게 살고 있다. 형제 중 유일하게 사업을 벌였다. 울산에서 착실하게 기반을 다져 인근에 노송(老松)이 병풍을 두르고 동해가 내려다 보이는 언덕 위에 그림 같은 집을 짓고 집 안에는 바리바리 포도주를 쌓아놓고, 마당에는 늙은 매화 두 그루가 집 주인의 풍류끼를 말해 준다.

건달과 한량의 공통점은 처자식 먹여 살리는 데 목줄을 메지 않았다는 것이고, 둘의 차이는 건달은 지갑에 먼지뿐이고 한량의 지갑은 화수분이라는 점이다. 김좌년은 분명 건달은 아니고, 엄밀히 말하면 한량도 아닌 것이 그가 생업에 땀을 흘리니 한량 끼가 있을 뿐이다. 한량 끼가 녹아든 그의 와인 입문서, 어디 한 번 기대해 보자.

여행작가·만화가 **조주청**

추천사

좋은 와인을 찾아 마시는 추세 못지않게 와인에 관한 책이 많이 나오고 있지만 저자의 경험에만 의존하여 쓴 와인 책을 찾아보기는 그리 쉽지 않다. 이 책의 저자가 그만큼 와인을 고루고루 많이 마셔보았다는 말이 된다.

발문 부탁을 받고 와인 애호가이긴 해도 와인 전문가가 아닌 사람으로서 선뜻 응낙하기 어려웠지만 '와인 오디세이-문화를 음미하다'란 제목에 홀렸다. 또 내용을 살펴보면서 몇 자라도 끼적여 이 책의 한 부분이 된다는 것에 가벼운 흥분을 느낄 수 밖에 없었다.

필자가 외교관 생활을 하면서 최초로 프랑스 산 와인을 입에 대 본 것은 40여 년이 넘지만 주로 해외에 나가 있을 때만 와인을 접할 수 있었던 시절이라 와인과의 관계란 그저 그런 정도다.

와인 문화에 대한 호기심이 늘면서 조금씩 여러가지 와인을 마셔보긴 했지만 와인에 관해 뭔가를 쓰라면 그저 몇 페이지 정도 쓸 수 있을 뿐이다. 그런데 저자이자 와인친구이며 소싯적부터 지기인 김좌년 사장은 10여 년 전에 와인을 시작한 것으로 아는데 그 짧은 세월에 그가 와인과 문화를 농(弄) 하는 수준에 이른 것이 놀라울 따름이다.

제목에서 알 수 있듯이 저자는 '화려한' 와인 경력을 자랑으로 내세우는 게 아니라 본인이 마시고 느낀 바를 담담하고 맛깔나게 풀어낸 것이다. 교과서처럼 써내려간 여느 와인 책과는 집필 의도부터가 다르다고 할 수 있다. 마치 독자에게 와인 애호가로서 와인 자리에서 마주앉아 있는 것처럼 정겹고 따뜻하게 다가오는 것이다. 그는 오로지 와인과 예술, 와인과 문화에 대한 열정으로 이 책을 써내려갔다.

우리는 와인을 고르고 감상하는 법도 알아야 하지만 와인에 얽힌 즐겁고 기이한 사연에도 빠져들면서 와인이 문화에 주는, 또 문화가 와인에 주는 서로 간의 작용도 알 필요가 있다. 그럼으로써 독자는 와인과 맺은 인연을 다시 돌아보면서 각자 와인으로 인한 삶을 더 풍요롭게 할 수 있을 것으로 기대된다. 멋진 삶에 대한 열정으로 이 멋진 책을 쓴 저자에게 감사를 표하고자 한다.

前 외교부 대사 **정달호**

책머리에

와인은 서구에서 오랜 세월 많은 사랑을 받아 왔습니다. 와인을 즐기고 그 맛을 찬양한 글들은 수없이 많습니다. 이 술은 단순히 서구인들의 미각을 즐겁게 했을 뿐 아니라 정신세계에도 큰 영향을 미쳤습니다. 기원전 5세기 그리스의 극작가 아이스킬로스는 '동경(거울)은 우리 모습을 비춰주지만 와인은 우리의 영혼을 비춰준다'고 했답니다. 와인의 오묘한 향과 깊은 풍미에 단단히 반해버린 사람만이 할 수 있는 말입니다.

나의 좁고 얕은 지식과 일천한 경험으로 이처럼 긴 역사를 가진 와인의 이야기를 글로 남기는 것은 실로 부끄러운 일입니다. 하지만 내가 와인 세계에 입문했을 때 궁금했던 내용을 최대한 쉽고 편하게 정리해 와인을 처음 접하는 이들에게 도움을 주려는 노력도 의미 없는 일은 아닐 것입니다. 내가 왕초보였을 때 누군가가 와인의 깊고 오묘한 세계에 대해 길을 열어주기를 바랐던 기억은 아직도 생생합니다. 지금 문 앞을 서성이는 사람들에게 그 당시 나에게 크게 아쉬웠던 역할을 내 자신이 할 수만 있다면 해보겠다는 생각을 하게 된 것입니다.

처음 와인에 입문했을 때 나는 와인에 어떤 기본예절이 있는지 가장 궁금했습니다. 마치 전통차를 마실 때 갖추는 예절이 있듯이 와인을 마실 때도 분명히 나름대로 예절이 있을 것이라고 생각했습니다.

그리고 와인의 종류가 천차만별이듯 그 맛도 무궁무진하게 다를 텐데 그 맛의 차이를 어떻게 느낄 수 있을까 궁금했습니다. 각자의 식성이 다르듯 와인이 혀끝에 닿아 빚어내는 그 신묘한 맛은 취향에 따라 평가가 갈라질 수 있습니다. 또 맥주나 소주 같은 일반 술에는 익숙하나 와인이 주는 풍미를 받아들이는 것은 쉽지 않은 사람도 있을 것입니다. 그러나 와인을 즐기려면 우선 그 특유의 맛과 향을 제대로 알고자 하는 노력이 있어야 합니다.

과거와 달리 최근에는 와인을 쉽게 마주칠 수 있습니다. 이제는 전문점이 아니더라도 백화점이나 대형마트에 와인 판매코너가 있을 정도로 대중적인 주류가 됐습니다. 그럼에도 불구하고 대부분의 입문자들은 도대체 어떤 와인이 좋은 것인지 알기 힘듭니다. 가격이 비싸면 무조건 좋은 와인인지, 반대로 가격이 싸면 무조건 나쁜 와인인지 확신도 없습니다.

요즘은 집에 손님을 초대하거나 생일잔치를 할 때, 아니면 격식을 갖춘 모임에서 와인을 대접하는 경우가 많아졌습니다. 이런 때도 사람들은 머뭇거립니다. 어떤 자리에 어떤 와인이 어울릴지 모르기 때문입니다. 혹시 초대받은 사람들이 식탁에 놓인 와인을 두고 호스트의 수준을 평가하지나 않을지 불안해하기도 합니다.

이 같은 궁금증 역시 제가 와인에 입문할 때 가졌던 질문들입니다. 대부분의 입문자들도 같을 것이라 생각합니다. 그래서 나의 와인 이야기는 이런 것을 중심으로 펼쳐볼까 합니다.

그리고 이야기를 풀어나가면서 다소 거친 표현도 서슴지 않겠습니다. 보다 즉각적이고 생생한 이해를 돕고 재미를 더하기 위해서인 만큼 애교로 봐 주실 것을 부탁드립니다.

그럼 저와 함께 와인의 그 깊고도 무궁무진한 세계로 함께 떠나 보실까요?

海岩 **김좌년**

이탈리아 북부 피에몬테 지방의 포도원

차례

프랑스 보르도

와인 기초 상식

와인의 맛과 향 그리고 풍미는 포도와

발효(fermentation), 숙성(aging)이라는

3대 요소의 작용으로 결정됩니다.

| 포도 1 |

와인은 포도로 만듭니다. 지구상에는 수천 종에 달하는 포도 품종이 있습니다. 그중 와인 주조가 가능한 종류는 200여종 정도이며 실제로 널리 양조에 쓰이는 품종은 50여 종류에 불과합니다.

유럽의 대표적인 품종은, 학명으로 비티스 비니페라 종입니다. 그 중 샤르도네와 까베르네 소비뇽이 유명합니다. 비티스 라브루스카(Vitis Labrusca) 종은 미국 토착인데 와인 양조에는 적합하지 않다고 하지만 대표품종으로 콩코드(Concord)와 카토바(Catawba)가 있습니다.

'비티스(Vitis)'는 라틴어로 포도나무를 뜻하며 와인은 'Vinum'이라 합니다.

와인 한 병당 600~800개의 포도 알(약 1kg)이 소요가 되며 86%

가 물입니다.

와인은 포도 품종과 재배지역에 따라서 전혀 다른 풍미의 와인이 됩니다. 그래서 포도 재배의 최적지는 테루아(Terroir)에 의해 결정된다고 합니다.

테루아는 포도나무에서 포도가 수확되기까지의 모든 환경을 말합니다. 포도밭의 토양과 지형구조(배수와 경사면), 일조량, 강우량, 기후 등 환경적 요소를 아우르는 포괄적 개념입니다. 테루아가 좋고 나쁨에 따라 와인 제조용 포도의 질이 결정됩니다. 와인 생산지 역시 좋은 테루아 지역에 집결됩니다.

미국의 나파와 소노마, 프랑스의 보르도와 부르고뉴, 론밸리, 그리고 샹파뉴, 이탈리아 토스카나와 피에몬테, 독일의 모젤과 라인가우, 스페인 리오하와 리베라델두에로 그리고 포르투갈 도루(Douro)가 유명한 와인 생산지인 것은 우수한 테루아 때문입니다.

| 포도 2 |

포도 수확 시기는 와인메이커(와이너리)마다 차이가 있습니다. 그 와이너리 고유의 특성에 맞는 와인을 생산하기 위해서는 수확시기가 다르게 마련입니다.

높은 당도의 포도를 얻기 위해 일부러 수확시기를 늦추기도 합니다. 당도는 태양의 광합성 작용에 의해 결정됩니다. 산도는 당도와 반

비례합니다.

브릭스(Brix)는 당도를 측정하는 단위입니다.

양조용 포도는 수확기에 당도가 22브릭스 이상이 됩니다. 우리가 즐겨먹는 딸기와 수박, 식용포도가 13~15브릭스 정도이니까 양조용 포도는 엄청 당도가 높은 셈입니다.

후식용 와인은 30브릭스 이상이어야 합니다.

포도나무는 개화기에서 수확기까지가 100일 정도입니다. 이 기간에 악천후라도 만나면 양질의 포도를 수확할 수 없습니다. 휴한기에도 혹한은 수확량 감소로 이어집니다. 일조량이 부족하면 산도가 높고 당도가 낮아 인위적으로 가당을 해야 합니다.

과도한 강수량 때문에 묽은 와인이 생산되고, 과도한 일조량은 알코올 함량이 너무 높아서 밸런스가 맞지 않습니다. 가뭄에는 포도송이가 말라버리고 가끔은 병충해로 인한 피해가 발생하기도 합니다.

그래서 기상조건이 일정치 않은 구대륙(유럽) 와인 생산국들은 작황에 따라서, 와인 품질이 달라지는 것을 고려하여 빈티지(포도수확년도) 평가를 합니다. 이 평가는 당연히 판매가격에도 영향을 미치게 됩니다.

포도나무는 100년이 지나도 잘 자랍니다. 나무가 노쇠하면 포도생산량은 줄어들지만 열매는 계속 맺습니다. 샴페인 제조업체인 샤또 볼랭저(Bollinger)에서는 일부 와인을 1800년대 중반에 심은 나무에서 포도를 수확해서 생산하고 있습니다.

가끔 와인 라벨에 불어로 'Vieilles Vignes'란 문구가 적혀있는 것을 볼 수 있는데, 이는 '오래된 포도나무'에서 생산된 포도로 만들었다는 뜻입니다. 법적인 규정은 없지만 최소한 40년은 넘어야 그런 문구를 사용한답니다.

| 발효(Fermentation) |

'당분+효모 = 알콜+탄산가스(CO_2)'

발효는 포도즙이 와인으로 변하는 과정에서 일어나는 화학적인 변화입니다. 효모가 머스트(must, 포도파쇄액)의 당분을 먹고 알코올로 변화하는데 이 과정이 와인의 풍미와 향을 만드는 데 중요한 영향을 미칩니다.

발효기간은 온도에 따라서 다르지만 보통 1주일 정도 소요됩니다. 발효 방법은 와인메이커가 추구하는 스타일에 따라서 고온발효 혹은 저온발효를 선택합니다. 발효 용기는 주로 스테인리스 스틸이나 오크를 사용합니다.

당연히 오크통 발효가 스테인리스 스틸통보다 더 섬세하며 그로 인해 더욱 깊고 오묘한 맛이 생성됩니다.

이 선택은 화이트와인과 레드와인, 그리고 와인메이커의 특성에 따라서 결정되며 그 메이커 고유의 맛과 향을 지켜가고 있는 것입니다. 마치 태아가 엄마 몸속에서 어떤 형태로 형성되어 태어나는지 결정되는 시기와 같다고 하겠습니다.

| 숙성(Aging) |

발효가 엄마 몸속에서 태아의 과정이라면 숙성은 태어나서 유아기를 지나 청소년까지의 과정이라 할 수 있습니다. 사람들이 이 시기에 평생을 좌우할 체력과 인격을 형성하듯이 와인도 마찬가지입니다. 발효는 법으로 규제하지 않지만 숙성은 엄밀히 관리합니다. 나라별로 원산지 통제 명칭이 있습니다(나중에 설명됩니다).

예를 들어 리저브(Reserve)나 그랑크뤼Grand Cru), 올드 와인(Old Wine), 마을이름(Village) 등 일정한 숙성기간을 거쳐야만 붙일 수 있게 나라별로 법으로 규제하고 있습니다.

물론 전부가 그렇지는 않지만 그만큼 고급와인에서는 숙성의 과정이 중요하다는 의미일 겁니다.

프랑스 보르도(Bordeaux) 지방의 샤또 디켐(Ch. d'Yquem)의 경우는 이 와인의 명품성과 우수성을 이어가기 위하여 무려 10년 가까운 기간을 숙성에 투자하기도 합니다. 올해 수확해서 만든 와인을 10년 뒤에 출시한다면 저절로 명품 반열에 오르게 돼있습니다.

지금 언급하는 이야기는 우수한 와인에만 국한되며, 모든 와인이 그렇다는 것은 아닙니다. 전문가들의 견해에 따라서는 다른 해석이 나오겠지만 『와인 바이블(Wine Bible)』 저자 케빈 즈렐리(Kevin Zraly)는 전 세계 모든 와인 중 90%는 1년 안에 마셔야 하며 5년 이상 숙성시켜야 하는 와인은 1%도 안 된다고 말합니다. 1% 와인은 병입 후에도 계속 좋은 방향으로 장기간 숙성이 가능한 와인을 말하는 겁니다. 동의하지는 않지만 일리가 있는 주장이기도 합니다.

모차르트 오페라의 돈 조반니 같이 어떤 상황에서도 여자를 유혹하는 호색한이 있는가 하면 돈 옥타비오처럼 한 여자를 보호하고 이해하며 순수한 사랑을 보여주는 사람도 있듯이 와인 또한 1년 숙성, 10년 숙성은 나름대로 가치를 지니는 법입니다.

| 와인 라벨 |

와인을 웬만큼 안다고 해도 라벨 내용을 이해하기에는 부족함을 느낄 겁니다. 우선 외국어로 표기돼 상표인지, 포도품종인지 아니면 마을 이름인지, 도무지 모르는 말투성이입니다. 라벨 디자인이 시선을 끌긴 하지만 와인의 특성이나 내용을 파악하는 데는 별 도움이 안 됩니다.

라벨은 크게 앞면과 뒷면 두 가지가 있습니다. 앞면은 주로 와인 이름과 메이커, 포도품종, 그리고 뒷면은 작은 글씨로 이 와인의 특성이나 경고 문구가 적혀 있습니다. 앞면에는 꼭 있어야 할 필수정보가 들어가야 합니다.

상표명 / 생산자 / 원산지 / 와인 종류 / 용량 / 알코올 도수

그리고 추가 정보는

포도품종 / 수확연도(빈티지) / 병입 장소 / 품질등급 /

포도밭 이름 / 재배 방법 등

프랑스 보르도지방 샤또마고 라벨

신대륙 와인들이 주로 '포도품종을 강조'하는 라벨(A varietal label)이라면 구대륙 와인은 '지역을 표기'한 라벨(A regional label)을 선호합니다.

전면 라벨에 가장 많이 등장하는 내용 중 포도품종은 나중에 설명하겠지만, 와이너리의 명칭은 나라별로 다르게 표기됩니다. 영어권은 말 그대로 와이너리(Winery)로 표기합니다.

프랑스는 샤또(Chateau/보르도), 도멘(Domaine/부르고뉴)이라 부르고 이탈리아에서는 테누타(Tenuta), 카스텔로(Castello), 스페인은 보데가(Bodega) 그리고 독일은 바인구트(Weingut), 바인켈러(Weinkeller)라 불립니다.

와인의 라벨에는 그 와인의 이력이 표기됩니다. 사람으로 치면 회

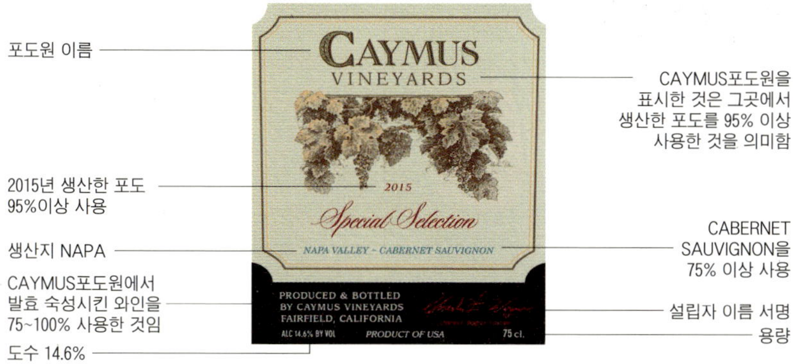

신대륙 와인 라벨 읽는 법

사 입사 시 제출하는 이력서와 같습니다. 회사가 요구하는, 꼭 들어가야 하는 내용도 있지만 본인의 장점을 나타낼 수 있는 추가 정보도 있게 마련입니다. 그래야만 자신을 잘 알리고 자신의 가치를 극대화하듯이 와인도 그 가치를 가장 잘 표현해야 하며 디자인 또한 눈에 띄어야 소비자로부터 선택 될 수 있습니다. (그림 참조)

프롤로그

와인 오디세이에 앞서

와인예절 1

와인 잔과 친해지기

요즘에는 격식을 갖춘 모임에서 와인이 등장하는 것은 당연하다시피 됐습니다. 생일잔치는 물론 심지어 집들이에까지 와인은 빠지지 않고 손님을 맞습니다. 따라서 와인 예절을 충분히 익히고 나서 모임에 참석하면 훨씬 돋보일 수 있습니다.

맨 처음 수인사를 건네고 자리에 앉으면 가장 먼저 와인 잔을 마주하게 됩니다. 그러면 손님은 투명하고 고급스러운 와인 잔을 앞에 두고 호스트가 와인을 따라줄 때까지 기다려야 합니다(왜 호스트가 서빙 하는지는 다음에 설명하겠습니다).

만일 그 모임의 호스트가 연장자이거나 상사일 경우에는 무척 당황스럽고 황송하기까지 합니다. 그냥 있자니 당돌한 것 같고 소주를 받는 것처럼 잔을 두 손으로 공손히 받자니 와인 잔이 거추장스럽기도 합니다. 그렇지만 그냥 편안히 보면서 호스트가 따라주는 와인을 받으면 됩니다.

와인 잔은 아시다시피 일반 술잔처럼 간단하지 않습니다. 특히 림(rim, 와인 잔의 위 테두리) 부분은 깨지기가 쉽고 전체 생긴 모양은 가

늘고 긴 다리에 둥그스름해 조심스럽기 그지없습니다. 그러니 와인 잔을 들고 술을 받는 것보다 가만히 두고 그냥 보는 것이 예절에 맞습니다.

우리의 술 문화는 연장자나 상사, 설사 연하가 술을 건네더라도 두 손으로 공손하게 받습니다. 우리의 정서로는 잔을 받들지 않고 우두커니 바라보며 와인을 받기에는 죄송한 생각이 들기 마련입니다. 그렇다면 보텀(bottom, 잔의 아래 바닥)에 가볍게 손가락 두세 개를 살짝 올려놓으세요.

호스트가 와인을 부어주면 이제 어떻게 잔을 잡고 마셔야 할지도 생각해야 합니다. 일반적으로는 엄지, 검지와 중지를 이용해서 잔의 다리(stem) 중간 정도를 잡습니다. 하지만 주위 환경에 따라서 볼(bowl, body)이나 바닥 부분을 잡아도 무방합니다. 스탠딩 파티 또는 테이블에 앉는 파티 등 다양한 경우가 있을 수 있고 잔을 잡는 방법은 그때 상황에 맞추셔도 괜찮습니다.

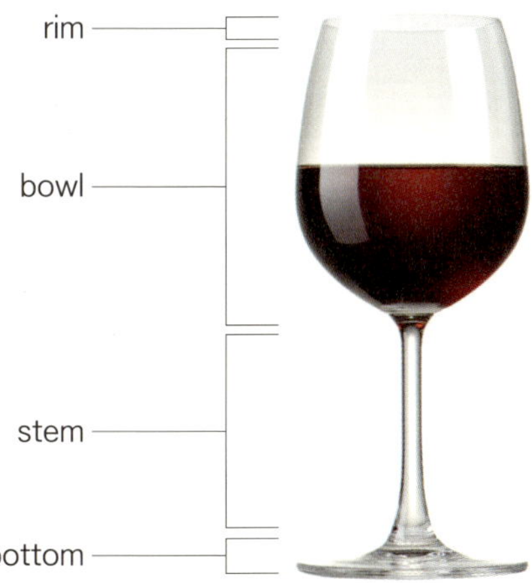

와인잔의 명칭

모든 음료는 적정 음용 온도가 있습니다. 취향에 따라 다르겠지만 레드와인의 경우 18~20℃가 적당하다고 합니다. 그래서 잔을 감싸듯 쥐고 마시면 와인의 온도가 체온에 의해 상승된다며 꺼리는 경우도 있지만 그렇게 민감할 필요는 없습니다. 정말로 무시해도 좋습니다.

다만 손의 지문으로 인해 와인 잔이 지저분해질 수 있으니 그것은 신경을 써야 합니다. 그리고 주위 사람들과 눈을 마주치며 볼 부분을 살짝 부딪쳐 건배하시면 됩니다.

우리는 예로부터 밥상머리 예절을 중요하게 여겼습니다. 이는 그 사람의 품격이 나타나기 때문입니다. 이상과 같이 하시면 어떠한 와인 모임에 가셔도 첫 단추는 잘 끼운 셈이 됩니다.

와인 컬러 보기

와인예절 2

원샷은 금물

호스트가 좌중을 돌며 일일이 와인을 따르고 나면 이제 와인을 마실 차례가 되었습니다. 간단한 건배사가 있을 수도 있겠군요. 그때는 앞에서 말씀드린 대로 와인 잔을 가볍게 들고 기다립니다. 건배사가 끝나고 나면 각자의 잔을 들어 와인을 마시게 됩니다. 어떻게 마셔야 할까요? 우리나라의 일반 술자리에 등장하는 폭탄주처럼 원샷을 할까요? 아닙니다. 그건 엄청난 실수가 될 수 있습니다.

흔히들 와인을 두고 '기다림의 미학'이라고 합니다. 포도나무에서 수확한 포도가 당분과 효모의 화학작용을 거쳐 알코올이 됩니다. 그 과정에서 포도는 주인의 부름이 있을 때까지 잠자듯 조용히 기다리고 있습니다. 아시지 않습니까? 일반 화학주처럼 짧은 시간에 증류시켜 알코올을 만드는 것이 아니라는 것을. 오랜 시간 발효되고 숙성되는 인고의 세월을 견디면서 완숙한 와인으로 성장하기까지는 1년, 2년, 더러는 수십 년을 기다립니다. 강렬한 태양의 힘을 받아 익은 포도가 서서히 와인으로 변해가는 과정처럼 와인을 마시는 것도 서둘러서는 안 됩니다.

와인이 우리에게 주는 다양하고도 깊은 맛과 향기를 즐겨야 합니다.

천천히 넓게 사랑하는 연인을 다루듯이 세심하게 접근을 해야 합니다.

와인을 마실 때는 4S의 과정을 염두에 두고 그 깊은 세계에 빠져 봅시다.

첫째, 와인의 색을 봅시다(See). 와인마다 특유의 고혹적인 색깔을 가지고 있습니다. 큰 의미는 두지 말고 그냥 그 색깔을 즐기시면 됩니다.

둘째, 와인 잔을 흔들어 주세요(Swirling). 오랜 세월 오크통에서 숙성되던 와인은 병에서 잔으로 옮겨진 후 드디어 공기와 마주합니다. 와인은 공기와 섞이면서 드디어 잠에서 깨어납니다. 그리고 공기와 접촉한 와인은 훨씬 더 부드러워집니다. 그러니 병속에 갇혀 있던 와인을 흔들어 공기와 접촉하게 해주십시오.

셋째, 와인 잔에 코를 대면서 그 다양한 향을 즐기십시오(Smell). 와인의 재료인 포도는 각각의 향을 지니고 있습니다. 처음에는 그 향이 쉽게 분간되지 않겠지만 세월이 지나면 와인이 품고 있는 향의 다양함을 즐길 수 있게 됩니다.

스월링

스멜

넷째, 한 모금(Sip) 입에 넣고 천천히 삼키면서 와인의 밸런스(Balance, 알코올, 당도, 타닌 등의 균형)를 편하게 느껴 보세요. 그렇다고 너무 큰 의미를 두지는 말고요. 여기에 더해 바디감(Body, 우유와 두유의 질감이 다르듯)이나 삼킨 후의 여운(피니쉬)은 시간이 지나면 저절로 이해할 날이 있습니다.

이 과정을 거치면서 접근하고 즐긴다면 분명히 새로운 와인의 세계가 열릴 것입니다. 따라서 주위에서 보는 눈은 여러분이 와인에 대해 대단한 내공이 있음을 인정할 것입니다.

와인의 다양함은 본인이 즐기는 것입니다. 누구도 나 자신을 대신할 수는 없습니다. 다른 사람의 평가는 참고로 하되 원샷 하지 말고 4S를 느끼면서 와인에 접근한다면 분명 와인은 여러분에게 다가와 모든 것을 아낌없이 내어줄 것입니다.

와인예절 **3**

표현하라

앞에서 언급한 내용으로 접근한다면 여러분은 벌써 와인 문화에 성큼 다가섰다고 할 수 있습니다. 주위의 눈들도 당신을 새롭게 볼 것입니다.

이제는 자신이 마신 와인에 대한 느낌을 표현하는 것입니다.

미사여구를 구사할 필요가 없습니다. 솔직하고 담담하게 자신의 느낌을 말해보는 것입니다. 음악과 미술을 감상한 뒤, 그리고 엄마의 손맛을 본 뒤 진솔하게 자신의 느낌을 표현하는 것처럼 솔직하게 느낀 바를 그대로 말하는 것이 호스트에 대한 기본 예의입니다.

호스트는 와인을 서빙하면서 속된말로 모든 '병권'을 갖습니다. 그 절대 권력자에게 보답하는 길은 와인에 대한 당신의 견해를 솔직하게 표현해주는 것입니다. 이는 식사 대접을 잘 받고 음식이나 그릇에 대해 칭찬하는 것과 같습니다.

일반적으로 와인의 특성을 얘기할 때 바디감, 밸런스, 그리고 피니쉬(Finish)를 표현해야 합니다. 물론 더 전문적으로 들어가면 목에 넘어가면서 느끼는 커트(Cut, 꺾이는 맛)가 있는데 나도 이것의 깊이는 아직 잘 모릅니다.

맛에 대한 평가는 지극히 주관적일 수밖에 없지만 그래도 많은 사람이 공통으로 느끼는 부분은 분명히 존재합니다.

먼저 바디감이란 입속으로 들어온 와인의 질감입니다. 우유, 두유 그리고 물의 느낌이 각각 다르듯이 모든 와인도 그렇습니다. 풀(full), 미디엄(medium) 그리고 라이트(light)한 바디감으로 표현합니다. 큰 의미는 두지 말고 와인마다 다른 느낌이 있음을 느껴보는 겁니다. 이는 사람마다 포옹을 할 때 전달되는 느낌이 다르듯이.

그랑크뤼 3등급 샤또지스꾸르

밸런스는 말 그대로 균형입니다. 와인을 구성하고 있는 타닌, 당도, 알코올 등의 조화를 말합니다. 지극히 주관적이지만 이 또한 많은 사람이 공감하는 믹스 앤 매치(Mix and Match)가 아닐는지요.

그리고 피니쉬는 와인의 다양한 향, 오묘한 맛의 느낌이 얼마나 입안에 좋은 기분으로 남아 있느냐를 뜻합니다. 이는 마치 미팅 후 한 번 더 만나보고 싶은 파트너에 대한 미련과도 같은 것이 아닐까 생각합니다.

언젠가 누군가를 크게 축하해 줄 일이 있어서 샤또* 디켐(Château d'Yquem) 2001년을 마신 적이 있는데 여운, 잔향이 일주일 이상 입안에서 남아 있는 행복한 경험을 했습니다. 와인에서만은 엉터리 표현이란 있을 수 없습니다. 여러분의 느낌을 거침없이 표현하십시오. 일본 만화가 '아기 다다시'의 『신의 물방울』처럼 추상적이고 미사여구를 사용하지 않아도 됩니다.

우리 집 와인 모임에 오셨던 분들이 해주신 표현 세 가지가 너무 멋들어져 소개할까 합니다.

부르고뉴(Bourgogne) 지방 쥬브레 샹베르뗑 포마르(Gevrey Chambertin Pommard) 2006년을 마신 미모의 여인은 "목에 감고 있는 실크 머플러가 발아래로 스르르 떨어지는 느낌"이라고 표현했습니다.

이어 보르도(Bordeaux) 마고(Margaux) 마을의 그랑크뤼(Grand Cru) 3등급 샤또 지스크루(Ch. Giscours) 2004년을 마시고 나서는 "처음 마신 다른 와인이 가벼운 키스였다면 이건 격정적으로 하는 진한 키스 같다"고 표현하더군요.

그리고 오프스 원(Opus One) 2006년을 마신 이에게 느낌을 물었더니 처음에는 대답이 없기에 재차 물었습니다. 그랬더니 그 친구는 "지금은 말 시키지 마십시오. 입안의 향기가 날아가 버릴까 봐 아깝

---

* 프랑스어로 성이란 뜻으로, 와인에서는 '자체 포도밭을 가진 와인 양조장(회사)'를 말한다. 줄여서 Ch.로 쓴다.

습니다"라고 했습니다.

재미있는 표현입니다. 상대방의 장점을 찾아서 칭찬하듯이 와인을 시음한 후 그 느낌을 말하는 순간부터 당신은 와인의 진정한 마니아임을 자부해도 좋습니다.

부르고뉴 쥬브레 샹베르땡

와인예절 4

모르면 전문가의 도움을 받아라

와인을 처음 만나는 사람들은 대체로 이걸 무슨 맛으로 먹느냐는 의문을 갖는 경우가 많습니다. 와인은 우리와는 많이 다른 역사와 문화, 기후와 토양 등의 환경에서 발전해와, 쉽게 가까이할 수 없는 것은 어쩌면 당연하다고 생각됩니다.

그래서 와인 바나 레스토랑에서 어떤 와인을 주문해야 할지 망설이게 되는 것도 당연한 일입니다. 그럴 때는 주저하지 말고 전문가(소믈리에나 경험 많은 자)의 도움을 받으십시오.

첫째 가격대(음식 값보다 비싼 와인은 가급적이면 피하세요), 둘째 참석자의 와인에 대한 성향(맛의 드라이함과 스위트 사이의 선호도 및 바디감 등), 그리고 음식과 어울리는지에 대한 조언을 받는다면 대체로 만족하실 겁니다. 여기에 더해 모임의 성격도 얘기하는 것이 좋을 듯합니다.

추천된 와인의 향과 맛이 마음에 들지 않는다고 교체를 요구하는 것은 잘못된 매너입니다. 간혹 보관이나 와인 코르크의 잘못으로 산화되어 이상한 냄새(부쇼네)가 나는 경우가 흔치 않게 있는데 이때는 정중하게 바꿔달라고 요청하시면 됩니다.

가끔 자기가 좋아하는 와인을 레스토랑 주인의 허락도 없이 들고 가서 오픈해줄 것을 요구하는 경우가 있는데 이것도 예의에 벗어난 행동입니다. 사전에 그 레스토랑에 자신이 원하는 와인이 있는지 먼저 문의하셔야 합니다. 웬만한 와인 바나 음식점에서는 BYOB(Bring Your Own Bottle)를 허용하고 있습니다만 미리 물어보는 것이 예의입니다.

물론 콜키지(Corkage)라는 일정한 금액의 봉사료를 부담하셔야 합니다. 정해진 금액은 없지만 보통 2~3만 원 수준이 적당하며 단골집에서는 받지 않을 수도 있습니다.

가끔 값비싼 와인을 지참해서 레스토랑이나 와인 바에 간 경우에는 소믈리에를 위해 조금 남겨두는 것도 좋은 매너입니다. 그들도 고가의 와인을 접할 기회가 흔치 않기 때문입니다.

와인예절 5

당당히 지적하고 요구하라!

오래전 어느 보험회사에서 주최한 와인 시음회에 초대 받은 적이 있었습니다. 장소는 울산의 특급호텔로 20명 정도가 참석했던 걸로 기억합니다. 당시 나는 와인 초보로 시음회 또한 처음이었습니다. 그래서 기대 반 우려 반의 심정으로 참석했습니다.

메이커에서 나온 사람의 와인 소개에 이어서 뉴질랜드산 소비뇽 블랑(Sauvignon Blanc)의 화이트와인이 서빙되고 이어서 칠레산 레드와인(품종은 시라로 기억됨), 그리고 보르도산(까쇼) 레드와인이 차례로 나왔습니다.

와인은 섬세하고 다양한 향과 고혹적인 컬러를 눈과 코로 충분히 즐긴 다음에 오묘한 맛을 느끼는 것으로 일반적인 술과는 차원이 다른, 서구 특유의 문화와 역사를 지닌 알코올 음료입니다.

그럼에도 그날의 서빙은 실망 그 자체였습니다. 와인이 바뀌면 와인 잔도 바뀌어야 합니다. 와인 각각의 향과 맛을 즐겨야하기 때문에 너무나 당연한 일입니다. 그런데 그 호텔에서는 처음의 잔에 계속해서 다른 와인을 서빙하는 것이었습니다. 기분이 엄청나게 상해서 싫은 소리를 좀 했습니다.

같은 밭에서 수확한 포도로 만든 와인일지라도 동일한 빈티지가 아니면 맛과 향은 분명 다릅니다. 그 차이를 온전히 즐기려면 잔도 바뀌어야 하는 것은 당연합니다. 이럴 경우, 잔을 교체해달라고 요구하십시오.

이듬해인 2012년 일본 후쿠오카, 힐튼호텔 지하 와인 바에 간 적이 있습니다. 쥬브레 샹베르뗑(Gevrey Chambertin)이 생각나서 주문을 했는데 2008년 빈티지였습니다. 너무 영 빈티지여서 올드 빈티지를 요구했더니 마침 재고가 없다고 했습니다. 그래서 보르도 뽀이약(Pauillac)의 그랑크뤼 달마냑(d'Armagnac) 2004년을 주문했습니다. 그랬더니 미리 준비한 부르고뉴 잔을 모두 치우고 보르도 잔으로 바꿔서 서빙하는 것이었습니다. 이것이야말로 와인을 대하는 기본예절이고 고객을 위하는 기본자세여서 그날 아주 흡족하게 즐겼던 기억이 있습니다.

그 외 고급 레스토랑에서 흔히 볼 수 있는 몇 가지 잘못을 지적하겠습니다.

1. 와인 리스트에 기재된 내용의 오타와 와인 정보의 오류(품종, 생산자, 와인 등급 등)

2. 와인을 테이블에서 오픈하지 않고 오픈한 것을 가지고 오는 경우

3. 와인 종류에 따른 적정 온도(레드 18℃ 내외/화이트 6℃ 내외)를 유지하지 않은 경우

4. 품절된 와인이 리스트에 버젓이 기록된 경우

5. 소믈리에 나이프(오프너)를 지참하지 않고 서빙하는 접객원

6. 고가의 와인을 싸구려 잔에 서빙하는 행위

7. 와인 전문성이 없는 접객원 채용

와인 문화와 품격을 높이고 고객에게 최상의 서비스를 제공하는 첫 걸음은 바로 위와 같은 잘못부터 고치는 일입니다. 만약 이 같은 기본을 지키지 않고 손님을 맞을 경우에는 잘못을 지적하고 시정을 요구해야 합니다.

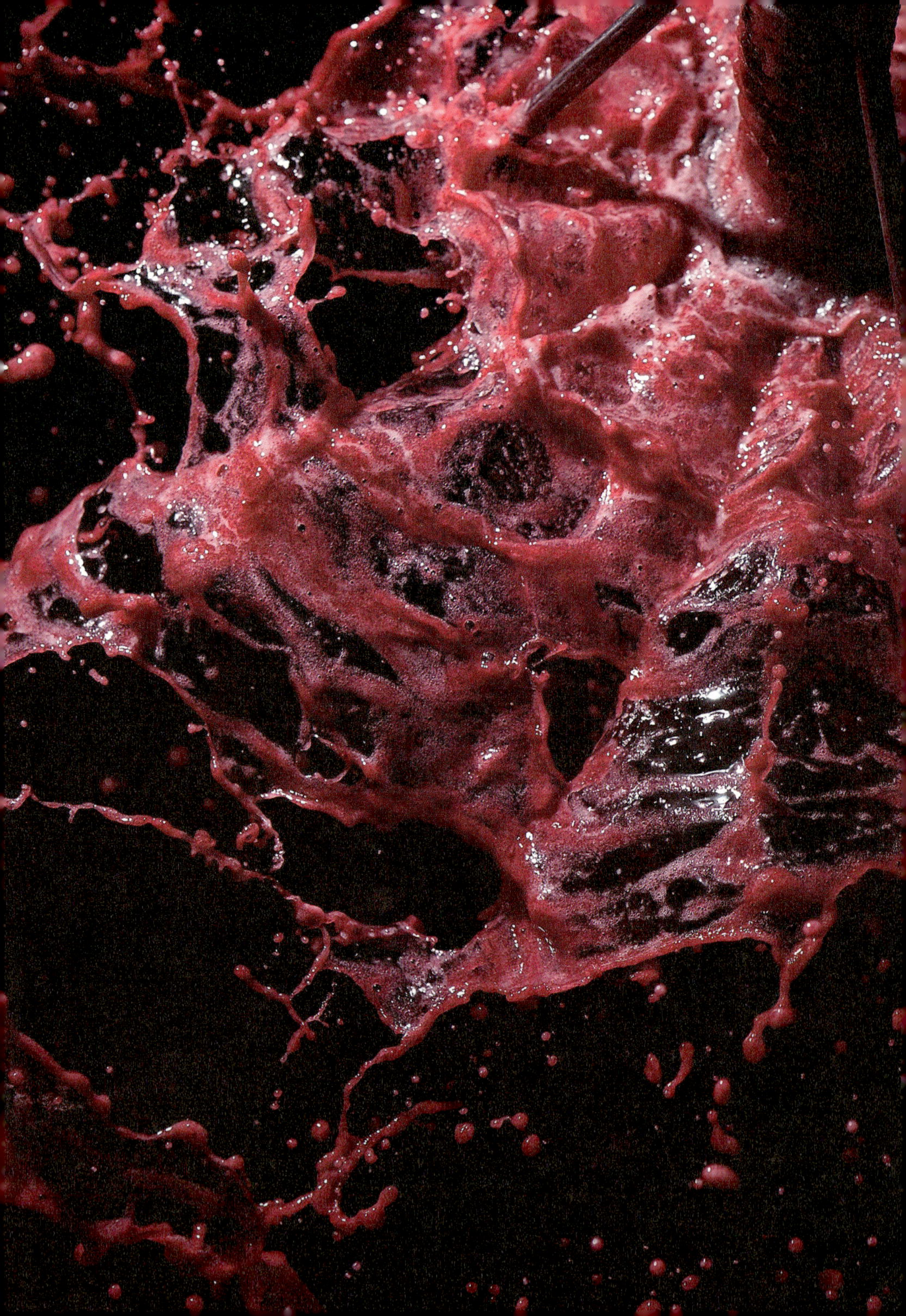

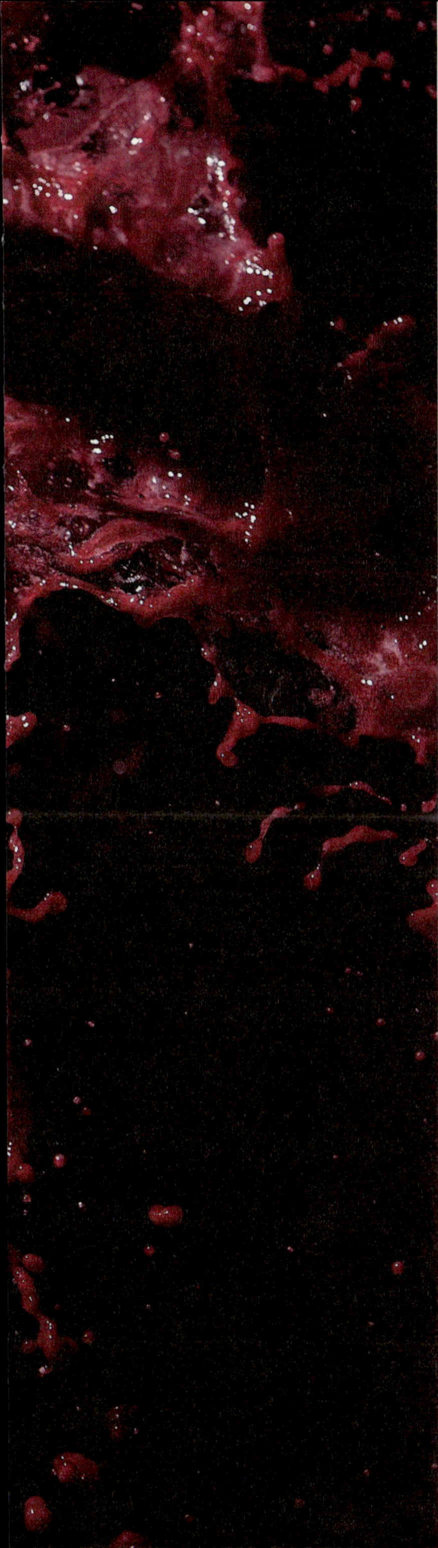

와인 오디세이 **01**

FLAVOR & SMELL
맛과 향을 즐겨라

포도와 관련된 이야기는 성경에서도 400회 이상 언급된답니다. 우리 인류의 삶과 늘 함께했다는 말이겠지요. 이집트 파라오의 무덤에서도 '암포라'라는 흙으로 만든 포도주 통이 발견됐다고 하니 그 역사는 정말 유구하다 할 수가 있습니다.

또 기원전 700년쯤 고대 그리스의 시인 호메로스가 쓴 서사시 『오디세이』에도 와인이 등장합니다. 트로이 전쟁에서 혁혁한 공을 세우고 고향인 이타카로 돌아가기 위해 항해하던 오디세우스가 외눈박이 거인 폴리페모스의 동굴에 갇혔지만 포도를 밟아 술을 만들어 마시게 한 후 폴리페모스가 취했을 때 불에 달군 말뚝으로 외눈을 찌르고 간신히 탈출에 성공하는 아슬아슬한 장면을 기억하실 것입니다.

그렇다면 와인의 태초는 언제였을까요? 멀고 먼 옛날 사냥에 지쳐 그늘에서 쉬고 있던 어떤 원시인이 움푹 파인 바위에 나무에서 떨어진 포도가 자연 발효된 상태의 붉은 액체를 우연히 발견하고는 마침 갈증도 있던 터라 호기심과 두려움으로 한 모금 조심스럽게 마셨겠지요. 인류가 최초로 와인 테이스팅을 하는 순간입니다. 어떤 맛을 느꼈을까요? 다양하고 오묘한 향을 느끼면서 마셨을까요?

나는 와인 세계에 관심을 갖게 되면서부터 이 장면을 상상하면서 항상 엷은 미소를 짓지 않을 수 없습니다. 내가 처음 경험한 와인은 꽤 고가에 속하는 샤또 마고 95 빈티지였습니다. 솔직히 맛이 없었습니다. 무슨 맛으로 와인을 마시는지 의문이 생길 정도였습니다.

그러나 알코올 성분은 우리를 적당히 흥분시키는 매력이 있었습니다. 거기에 더해 시간이 지나면서 입안에 남아 있는 다양한 향은 정말로 환상적이었습니다. 아마도 그 원시인이 마신 붉은 액체도 처음에는 갈증이나 호기심으로 마셨을지라도 와인의 문외한인 내가 마신 '샤또 마고 95 빈티지'와 비슷한 느낌이 아니었을지요.

역사와 문화가 다른 지역에서 발달한 와인은 우리에게 분명히 생소한 부분이 많습니다. 하지만 와인은 이제 글로벌 문화가 아닌가 생각해 봅니다.

이제 와인의 맛과 향의 여행을 떠날까 합니다. 그 오묘한 맛과 다양한 향의 세계로요.

와인 수만큼
다양한 맛과 향

와인의 맛과 향은 이 세상 모든 와인의 수만큼 다양합니다. 즉 모든 와인은 맛과 향이 다 다릅니다. 사실이 그렇습니다. 지구상의 모든 사람들의 모습이 서로 다르듯이 말입니다.

일반적으로 화이트와인은 신맛, 단맛 그리고 알코올로 구성돼 있고 (화이트와인도 오크통으로 에이징 하기도 합니다) 레드와인은 여기에 타닌의 떫은맛이 추가됩니다. 이는 포도품종 및 발효와 숙성 과정에서 생겨나는 자연스러운 현상입니다.

맛은 개인의 기호에 따라 독립된 평가를 하게 됩니다. 성장 과정과 환경에 따라서 사람마다 미각과 후각이 제각각이기에 누구의 평가를 좇아가는 것보다 자기만의 맛과 향의 관점을 정립하는 게 좋을 것 같습니다. 유명한 평론가나 전문가의 평가는 참고는 하되 너무 얽매이지 않아야 합니다. 모든 이들은 부모님이 물려주신 혀에 맛을 느끼는 미뢰가 1만 개 이상을 보유하면서 오직 자신만의 독자적 미각을 가지고 있기 때문입니다.

와인은 오픈하는 순간 잠에서 깨어난 사람처럼 천천히 움직이기 시작합니다. 이를 전문 용어로 레드와인의 경우 갈산이 에스테르산으로 바뀐다고 하더군요. 아무튼 공기와 접촉하면서 와인은 자신도 모르는 맛과 향의 세계로 여행을 떠납니다.

와인은 비싸다고들 합니다. 아마도 알코올 성분을 기준으로 볼 때는 그럴 수도 있겠지만 와인은 자신의 여행지마다 우리에게 다양한 맛과 향을 제공해 주기 때문에 즐기고 느끼는 폭이 굉장히 넓습니다. 그러므로 어떠한 알코올 음료에 비해서 결코 비싸지 않다고 생각합니다.

우선 와인을 한 모금 입안에 머금고 천천히 흘러내리듯 삼키세요. 그 순간에도 와인은 맛의 여행을 계속하고 있습니다. 그 맛을 느끼십시오! 싫든 좋든 상관 말고 와인에 대한 감각과 취향의 독립을 선언하는 순간입니다. 다양하고 느낌의 폭이 넓은 스펙트럼을 연인을 어루만지듯 만끽하세요.

나의 기억은 새로운 와인 세계를 체험하는 경이로움 그 자체였습니다. 어렵게 생각하지 마시고 와인과 친구가 되십시오, 와인은 결코 배신하지 않습니다.

와인의 맛은 포도품종, 발효, 숙성에 따라 결정돼

와인의 맛, 즉 풍미를 결정하는 3대 요소는 포도품종, 발효, 그리고 숙성에 있다고 할 수 있습니다.

포도는 지구상에 8,000여 종의 품종이 있다고 합니다. 그 중 와인 주조용으로 인기가 있는 품종은 50여 종류입니다. 크게 분류하면 구대륙에서 서식하는 비티스 비니페라(Vitis vinifera)종, 미국에서 대표적으로 자생하는 비티스 라브르스카(Labrusca)종, 그리고 그 교배종입니다.

모든 사람의 모습이 다르듯 포도 역시 품종에 따라서 그 특성이 다르다는 사실은 와인 주조에서 반드시 고려해야 합니다. 예를 들어 네비올로(Nebbiolo)나 까베르네 소비뇽(Cabernet Sauvignon)처럼 껍질이 두꺼우면 대체로 타닌 함량이 높아서 떫은맛이 많다든가 화이트와인의 대표적인 품종인 샤르도네(Chardonnay)는 산도가 높은 드라이한 맛을 낸다든지 하는 것입니다.

마니아가 아니더라도 와인에 따라서 식전, 식사 중 그리고 후식 와인으로 구별하고 또 음식과 어울리는 마리아주(marriage, 조합 또는 궁합)를 찾습니다. 요컨대 와인의 차이는 주로 포도(품종)가 결정합니다. 포도의 특성과 품질에는 물론 재배지가 중요한 영향을 미칩니다. 남쪽의 감귤이 북쪽 지방에서는 탱자가 됩니다. 일조량, 평균기온, 강수량은 기본이지만 배수 상태와 토질 또한 중요합니다. 포도나무가 열매를 맺기까지의 포도에 미치는 모든 조건과 영향을 테루아라 하는데 특히 구대륙에서는 이를 철저히 신봉합니다(신대륙은 포도품종에 주안점을 두는 편입니다).

그래도 와인의 맛은 역시 포도품종에서 가장 큰 영향을 받는다고 할 수 있습니다. 포도는 신의 선물이지만 이를 재료로 와인을 빚는 것은 사람이기에 그런 게 아닐까요?

레드와인의 품종은 10여 종

와인의 맛은 앞서 애기했듯이 포도의 특성이 많은 영향을 줍니다. 기본적으로 포도나무가 생육할 수 있는 환경은 일조량이 연간 1,250~1,500시간, 강우량은 500mm~800mm, 북위 30~50도, 남위 20~40도의 지역입니다. 와인 1병을 생산하는 데 약 1,000g~1,200g의 포도가 소요됩니다.

우리가 가깝게 만날 수 있는 대표적인 레드와인의 포도품종은 10여 종입니다.

까베르네 소비뇽(Cabernet Sauvignon)은 프랑스 5대 샤또 등에서 세계적인 명품을 빚어냅니다. 생육이 까다롭기로 유명한 피노 누아(Pinot Noir)는 프랑스 부르고뉴 지방의 명품 와인의 원료인데 미국 오레곤 주에서도 생육되어 와인 애호가들의 각광을 받고 있습니다.

보르도 우안 뽀므롤(Pomerol)에서 메를로(Merlot)는 페트뤼스(Petrus) 와이너리의 명품 와인을 만드는 대표 품종입니다. 호주의 대표주자인 시라즈(Shiraz), 이탈리아 토스카나(Toscana) 지역의 산지오베제(Sangiovese)와 피에몬테(Piemonte) 지역의 네비올로, 스페인의 템프라니요(Tempranillo), 미국의 진판델(Zinfandel), 아르헨티나의 말벡(Malbec) 등이 레드와인을 만드는 품종이며 그 외 까베르네 프랑 등은 주로 혼합용으로 쓰이고 있습니다.

화이트와인 주조용으로는 프랑스에서 뿐 아니라 세계적으로도 많이 사용하는 샤르도네와 독일 와인의 전문성에 일조하는 리슬링(Riesling), 그리고 뉴질랜드 말보로(Marlborough) 지역에서 주로 생산되는 소비뇽 블랑 등이 대표적인 품종입니다.

요컨대 품종, 포도는 생육환경과 지역에 따라서 독특한 맛과 다양한 향을 와인에 담아줍니다.

와인의 향은 정확히 몇 가지가 있다고 정의할 수 없을 것입니다. 일반적으로 포도 자체에서 나는 아로마 향과 숙성되면서 나는 부케(Bouquet, 다발/묶음) 향으로 구분하지만 자기가 좋아하는 향을 찾고 즐기는 것이 가장 중요하다고 생각합니다. 그저 품종에 따른 향의 특성 정도만 이해하고 느끼면 훌륭한 와인 애호가가 아닐까요?

변화무쌍한 발효가 와인의 매력

신이 준 선물, 포도를 인간이 와인으로 만들었습니다. 먼저 수확(harvest)한 포도를 세척하고 줄기 제거(stemming) 및 선별을 하여 파쇄(crush)한 후 발효(ferment)를 위해 통에 포도를 담습니다.

크게 두 가지 방법, 즉 굴참나무로 만든 오크통과 콘크리트나 스테인리스로 제작된 통 속에서 발효의 과정을 거칩니다. 와인의 마법은 여기서부터 시작합니다. 포도주스가 발효되면 당분+이스트는 알코올+탄산가스로 변하게 됩니다. 이스트균은 포도 자체에도 있지만 공기 중에 떠다니며 당분을 먹고 사는 단세포 생물입니다.

발효란 사전적 의미로 세균과 효소 등에 의해 숙성되는 과정을 의미합니다. 이때가 와인의 골격을 형성하는 데 가장 중요한 시기요, 양조자가 가장 많은 신경을 써야 하는 시기이기도 합니다. 어디로 튈지 모르는 럭비공처럼 변화무쌍한 방향으로 진화하는 발효를 컨트롤해야 하기 때문입니다.

온도, 습도 그리고 저장 공간의 환경 등의 영향을 크게 받는 발효는 와이너리에 따라서 특유의 전통적인 방법으로 이루어져, 나름 자랑스러운 품질의 와인을 생산하고 있습니다.

포도의 품질이 기후조건에 따라서 다를 수밖에 없기 때문에 유명 와이너리는 그만이 갖는 품질은 유지를 위해 발효에 엄청난 정성을 들입니다. 포도 줄기를 어느 정도 넣을지, 오크통은 몇 리터 크기로 할지, 그리고 얼마 동안 발효를 시킬지 등의 문제에 모든 경험과 지식을 총동원하게 됩니다.

알코올 도수가 높은 위스키는 병입하는 순간부터 모든 결정체가 정지되면서 저장이 되지만 와인은 그렇지가 않습니다. 즉 발효에서부터 숙성 과정을 거쳐 병입 후에도 계속 진화를 하게 됩니다.

더욱이 시음하는 매 순간순간마다 다른 느낌을 자아냅니다. 이것이 바로 와인의 매력입니다. 그때그때마다 맛과 향은 다른 모습으로 우리를 감동하게 합니다. 연인의 손을 잡을 때, 눈동자를 마주할 때, 가벼운 스킨십과 격렬한 포옹을 할 때의 느낌이 다 다르듯이 말입니다.

와인의 세련됨은 숙성에서

발효가 와인의 골격을 만들었다면 숙성(aging)은 와인을 더 가다듬고 세련되게 만드는 과정 이라고 하겠습니다. 튼튼한 골격 위에 아름다운 살을 만들고 그 비율이 일정하고 보기 좋게 만드는 것 말입니다.

숙성은 자연 상태에서 그대로 두어 스스로 분자 구조를 작게 하면서 분해하는 과정이지만 믹스 앤드 매치(Mix and Match)라 할 수 있습니다. 숙성은 병입(bottling), 또는 오크통 숙성이 일반적입니다.

보르도 소테른(Sauternes) 지역에는 세미용(Semillon)이란 포도품종으로 세계적인 명품 후식와인을 만드는 와이너리 샤또 디켐이 있습니다. 한 그루의 포도나무에서 한 잔의 와인 밖에 만들지 않음을, 또한 병입 후 10년이나 되는 숙성을 거쳐 출고함을 자랑으로 여길 만큼 품질관리를 철저히 하는 와이너리입니다. 그래서 적정 음용 시기는 10~15년이 적당하지만 훌륭한 빈티지의 경우는 50년 이상도 가능하답니다. 왜 이토록 공을 들이는 것일까요?

샤또 디켐 2001 빈티지는 세계적인 와인 평론가 로버트 파커(Robert Parker)가 100점 만점을 준 와인입니다. 어떤 호텔 와인 매장에서는 200만 원 이상을 호가하고 있습니다. 무슨 차이가 이런 높은 가격을 형성하고 있을까요?

좋은 품질의 포도를 어떻게 발효하고 숙성시키느냐에 따라서 우리가 근접하기 어려운 맛과 향을 형성하게 되는 것입니다.

새콤함을 느끼면 이내 달콤함이 입맛을 유혹합니다. 그 향은 정말 오래 유지됐고 그 맛은 지금도 잊을 수 없는 샤또 디켐 2001 빈티지입니다. 그래서 모든 와이너리는 특히 명품 샤또는 숙성에 많은 정성과 투자를 아끼지 않는가 봅니다.

샤또 디켐 2001

오래된 포도나무일수록 농염해져

포도품종, 재배지, 그리고 토양이 와인의 품성을 결정짓는 중요한 요인임을 앞에서 언급했지만 포도나무의 수령과 수확 시기도 이에 못지않은 요인으로 작용합니다.

포도나무는 보통 100년이 넘어서도 잘 자랍니다. 일반적으로 수령이 높을수록 포도송이는 덜 열리지만 그만큼 더 농축된 풍미를 지니고 있습니다.

와인 라벨을 보면 흔치는 않지만 'Vieilles Vignes(불어로 오래된 포도나무)'라는 문구가 간혹 눈에 띕니다. 법적 규제는 없지만 최소한 수령이 40년은 넘어야 이런 문구를 붙일 수 있다고 합니다.

유명 샴페인 메이커 볼랭저(Bollinger)는 1800년대 중반에 심은 나무에서 수확한 포도로 와인을 만든다고 합니다. 사람은 나이가 들수록 경험과 지혜가 쌓이고 성숙해져 품위가 빛을 발하게 됩니다. 포도나무도 사람을 닮나 봅니다.

당도와 산도의 비율이 각 와이너리가 추구하는 독특한 와인 스타일을 결정짓지만 언제 수확하느냐도 와인의 맛과 향을 결정짓는 중요한 요인입니다.

6월의 청포도는 아주 시고 떫지만 태양의 강렬한 광합성 작용으로 인해 당분이 축적된 8월에는 매우 달콤한 맛을 지니게 됩니다.

브릭스(brix)는 당도의 단위입니다. 6월은 브릭스 0, 8월은 브릭스 15, 9월은 브릭스 22 정도가 나옵니다. 참고로 레드와인은 보통 브릭스 22 이상, 후식와인은 브릭스 30 이상입니다. 우리가 즐겨 먹는 수박 등 과일은 브릭스 15 정도입니다.

보르도 소테른 지역이 세미용으로 달콤한 디저트와인을 생산하는 건 이미 말한 바 있습니다. 어느 땐가 포도 수확 시기를 놓쳐서 강가에서 발생한 안개를 타고 온 '보트리티스 시네레아(botrytis cinerea)'라는 곰팡이가 포도 알갱이에 붙어서 포도의 수분을 날려 버렸습니다. 다 익은 포도에 수분이 빠지면 당도가 높아지는 건 당연지사입니다. 쭈글쭈글해진 포도는 그 당시 기준으로는 실패한 작황이었습니다. 가치가 없어진 것입니다. 하지만 실패는 성공의 어머니라고 했습니다.

오래된 포도나무

그 못생긴 포도로 담근 와인이 새콤달콤한 맛으로 이제까지 경험하지 못한 훌륭한 후식와인으로 각광 받게 됩니다. 이제는 일부러 수확시기를 늦춰서 와인을 만든다고 하네요. 귀부(貴腐, 귀한 부패/Noble Rot) 와인은 이렇게 탄생했습니다. 그중 으뜸이 샤또 디켐입니다. 방법은 다르지만 수확시기를 조절해서 만들어낸 후식와인으로는 독일의 베렌아우스레제(Beerenauslese), 트로켄 베렌아우스레제(Trocken Beerenauslese)와 헝가리의 토카이 어수(Tokaji Aszú)가 세계적으로 인정받고 있습니다.

포도나무의 수령과 수확시기도 와인 맛과 향의 새로운 세계를 맛보게 하네요.

와인은 스트레스를 싫어해

와인은 발효에서부터 병입 과정까지 주위의 환경과 조건에 따라 무한한 변신을 거듭한다는 사실은 수차례 언급했습니다. 더욱 신기한 것은 병입 후 와인의 보관 방법과 상태에 따라서 그 물성이 변하면서 진화를 계속한다는 겁니다.

와인이 싫어하는 조건은 1. 온도 편차가 심한 보관, 2. 햇빛(자외선)

에 심한 노출, 3. 건조한 상태에서의 보관 환경, 4. 진동이 많은 주위 환경 등입니다. 그래서 애호가들은 자연 동굴(Cave) 아니면 와인 보관 셀러를 선호하는 편입니다.

1997년 경매 전문 기업인 소더비에서 개인이 소장한 와인을 경매에 부치는 일대 사건이 있었습니다. 그 주인공은 세계적인 명성을 가진 뮤지컬 '오페라의 유령'의 작곡가 앤드류 로이드 웨버였습니다. 결과는 대히트였습니다. 1982년 빈티지들의 슈발 블랑(Cheval Blanc) 37상자(1상자는 12병), 오 브리옹(Haut-brion) 20상자, 라뚜르(Latour) 10 상자, 샤또 마고 24상자, 그리고 페트뤼스 매그넘(1.5리터) 등 마니아들은 이름만 들어도 가슴이 뛰는 1만8,000병의 와인 보석들이 우리 돈으로 무려 70억 원 이상의 낙찰가로 경매가 된 사건입니다. 왜 이렇게 경매가 성공적으로 마무리 됐을까요?

무엇보다 마니아들이 열광한 건 앤드류 로이드 웨버의 명성에 더하여 와인들을 보관한 곳이 위에 열거한 모든 조건을 충족하는 지하 동굴이었기 때문이었습니다. 그러자 소더비와 경쟁 관계인 크리스티도 노르웨이의 크리스텐 스베아스라는 와인 컬렉터를 설득해 무려 1만9,000병에 이르는 와인을 경매에 부쳐 우리 돈으로 120억 원의 낙찰을 성공적으로 마무리해 자존심을 회복하게 됩니다.

몇 년 전 나파밸리(Napa Valley)에서의 경험입니다. 로버트 몬다비(Robert Mondavi) 와이너리에서 1병에 30달러로 판매하는 메를로를 구입하고 난 다음 그 맞은편에 있는 오푸스 원 와이너리의 테이스팅 룸에서 1잔에 40달러로 판매하는 시음은 가히 환상적이었습니다. 같은 와인을 한국에서 마신 것과는 엄청난 차이가 있었습니다. 생산한 와이너리에서 직접 보관된 와인은 장기간 수송에서 오는 스트레스가 없기 때문일 것입니다.

요컨대 보관 방법은 바로 맛과 향을 결정짓는 중요한 요소 중 하나입니다. 그래도 집에 가져온 메를로의 맛 역시 뛰어났습니다.

여운이 길수록 매력적인 와인

와인의 맛과 향은 한 잔의 와인에서도 마시는 매 순간 달리 느껴집니다. 특히 피어나는 향은 조금 전 기억된 향이 사라지는가 하면 다시 또 다른 향과 함께 나타나기도 합니다.

블랙, 레드커런트, 라즈베리, 스트로베리, 블랙베리…. 수없이 많은 열매와 과일의 향이 응집된 결정체가 와인의 맛과 향입니다. 어떤 분야든지 더 깊은 경지를, 보다 고급스러움을 추구하다 보면 거의 그 끝이 보이질 않습니다.

와인의 향 또한 그러합니다. 알려고 더 깊이 파고들려고 하면 그것은 불행의 시작일지도 모를 일입니다. 와인의 향은 어쩌면 신의 영역이 아닐까요? 어떻든 와인에 입문했으면 품종에 따라 두드러지게 달리 형성되는 향의 차이 정도는 느껴 봄이 어떨는지요? 이제 와인으로 가장 많이 만들어지는 대표적인 품종을 알아보겠습니다.

우선 전 세계적으로 가장 많이 재배되고, 가장 많은 와이너리가 선호하는 까베르네 소비뇽은 블랙커런트, 블랙베리처럼 검은 열매의 맛과 향을 보이는 대표적인 품종입니다. 더 정확하게 느끼고 싶다면 마트에 가 그 포도로 만든 잼 제품을 이용해보는 것도 좋은 방법입니다.

그 다음 피노 누아는 프랑스 부르고뉴와 미국의 오리건이 주재배지인데 생육이 까다로운 품종으로 서늘한 곳에서 서식합니다. 일반적으로 붉은 앵두의 향과 맛이 공통적으로 배어있습니다. 하지만 같은 피노 누아 품종이라도 캘리포니아처럼 더운 지방은 블랙체리 향이 두드러지게 나타납니다.

나는 개인적으로 삼킨 후 피니쉬(여운) 부분을 즐기는 편입니다. 여운이 길면 길수록 매력 있는 와인이라고 말합니다. 사람도 마찬가지입니다. 여운의 단위는 코달리(Caudallie)라 합니다. 1초가 1코달리로 3코달리 이상이면 괜찮은 와인으로 평가한답니다.

와인 오디세이 **02**

GRAPES & WINE
포도 품종별 개성을 즐겨라

"오등은 자에 아 조선의 독립국임과 조선인의 자주민임을 선언하노라." 기미년 3·1 독립선언문의 앞부분입니다.

여러분은 와인을 어떻게 즐기십니까? 맛? 향? 그리고 와인 빛깔이나 잔이 부딪치면서 나는 맑고 청아한 공명? 아니면 유명 평론가나 소믈리에가 느꼈다는 평가를 따라서 좇아갑니까?

다 좋습니다! 이 모두는 와인을 이해하는데 도움이 되고 필요하다고 생각합니다. 아는 것만큼 더 깊은 경지에 들어갈 수 있기 때문이지요. 하지만 정작 중요한 것은 자신의 것, 자신만이 느끼는 와인에 대한 독립성이 아닐까요?

사람의 혀에는 1만 개가 넘는 미뢰가 있어 독자적으로 맛을 평가할 수 있는 기능이 누구에게나 공평하게 존재합니다. 절대 미각을 가진 일부 사람은 2만 개에 가까운 미뢰를 갖고 있다고 하긴 합니다만 무엇보다도 자기에게 주어진 훌륭한 감각에 자신감을 갖고 맛의 독립을 선언하십시오.

향을 맡을 수 있는 코의 기능도 마찬가지입니다. 주위 사람들의 평가는 참고하되 절대적인 것은 분명 아닙니다.

내가 있으므로 해서 와인의 세계가 존재합니다. 주눅 들지 말고 과감히 와인의 맛과 향의 독립을 선포하십시오. 자신이 가장 존귀한 존재가 아닙니까?

자신에 대한 신뢰, 그것이 와인 한 잔의 진실에 좀 더 가깝게 다가가는 길입니다.

남자의 와인
까베르네 소비뇽(Cabernet Sauvignon)

지롱드 강 좌안의 메독(Médoc)은 레드와인의 대표품종인 까베르네 소비뇽을 주품종으로 하여 명품 와인을 만들고 있습니다. 프랑스가 자랑하는 5대 샤또를 포함하여 61개소 그랑크뤼 포도원이 모두 이 품종으로 와인을 만들고 있습니다.

미국의 나파밸리의 컬트와인, 이탈리아 볼게리의 슈퍼 투스칸, 오스트레일리아의 쿠나와라 그리고 칠레에서도 이 품종이 주역을 담당하고 있습니다.

껍질의 색이 진하고 두꺼우며 포도씨알이 많아서 와인의 색깔은 진하며 타닌 성분이 많아서 떫은맛이 많은 편입니다. 장기 숙성형 와인은 이 품종으로 만들어집니다.

부르고뉴가 고향인 피노 누아(Pinot Noir)

이 품종은 재배하기가 까다롭습니다. 주로 서늘한 기후에서 잘 자라며 껍질은 얇고 타닌 성분은 타 품종의 포도에 비해 적게 함유되어 있지만 장기 숙성이 가능합니다.

밝은 루비색을 띠며 우아하고 섬세한 향 때문에 여성적인 와인으로 불리기도 합니다. 더운 지방에서는 이 품종의 특성이 잘 나타나지 않습니다. 그 이유는 너무 빨리 익어 특유의 향들을 엷은 껍질이 저장하지 못하기 때문입니다. 와인이라기보다 예술품으로 대접을 받는 최고가 DRC의 '로마네 꽁띠'가 피노 누아로 만들어집니다.

부르고뉴 이랑시(Irancy)의 포도원

지롱드강 우안(右岸)의 메를로 품종

프랑스 보르도의 와인을 받치고 있는 두 기둥은 보르도를 가로지르는 지롱드강 좌안의 메독(Medoc)과 우안의 쌩떼밀리옹(St. Emilion)과 뽀므롤입니다. 여기 우안에서는 메를로 품종으로 기라성 같은 명품 와인을 만들고 있습니다.

참 신기합니다. 강을 사이에 두고 좌안에서는 메를로가 조연도 아닌 백댄서 취급을 받지만 우안에서는 톱스타로 군림하면서 타의 추종을 불허하는 주인공 대접을 받고 있습니다. 그 대표적인 와인이 메를로 100%로 만드는 페트뤼스입니다.

메를로 품종은 척박하고 거친 토양보다 기름진 진흙 토질에 잘 적응합니다. 이 토양의 영향으로 미세한 진흙 냄새가 나기도 하지만 보편적으로 달콤한 자두 맛과 향이 주류를 이룹니다.

이 품종으로는 미국 나파밸리에서도 많이 생산하지만 특히 이탈리아 토스카나 볼게리의 르 마키올레 메소리오(Le Macchiole Messorio)는 이탈리아 3대 메를로로 인정받을 만큼 그 명성을 자랑하고 있습니다. 보르도 우안의 메를로와 같은 자두향이 두드러지는

프랑스 보르도

맛과 향으로 기억하는데, 정말 잘 만든 와인입니다. 참고로 이탈리아 3대 메를로는 메소리오 외에 마세토(Masseto)와 레디가피(Redigaffi)를 꼽습니다.

시라 품종의 최고봉 '라라라 시리즈'

프랑스 와인 산지 중 론(Rhone) 북부 지방에는 이 기갈(E Giugal) 와이너리의 삼총사라 불리는 와인 '라라라 시리즈'가 있습니다.

시라(Syrah) 포도 품종으로 만든 최고의 와인이라 찬사 받는 '라라라

시리즈'는 라 물린(La Mouline), 라 랑돈(La Landonne), 그리고 라 튀르크(La Turque)입니다. 이 세 종의 2003 빈티지는 로버트 파커로부터 모두 100점 만점을 받는 경이로운 기록을 세우기도 했습니다. 가히 시라 품종의 최고봉이라 하겠습니다.

짙은 보라색에 중후한 바디감이 묻어나며 자두와 블랙베리 향이 두드러집니다. 그럼에도 전혀 시라 같지 않은 부드러움과 우아함이 있습니다.

19세기에 호주로 이민 간 프랑스 이주민들이 이 품종을 처음으로 호주대륙에 심으면서 이곳에서는 쉬라즈(Shiraz)라고 불리고 있습니다. 호주의 국보급 와인 펜폴즈 그랜지(Penfolds Grange) 또한 이 품종으로 만드는데, 이 와인으로 호주의 와인을 세계 시장에 당당히 합류할 수 있게 되었습니다. 미국 와인평론가 로버트 파커는 이 품종을 엄청 좋아하나 봅니다. 펜 폴즈 그랜지 2008 빈티지에도 100점 만점을 주었습니다.

호주에서 자생하는 유칼립투스 나무 수액의 영향으로 살짝 민트 향이 나는 게 특징입니다. 맛과 향의 향연은 그 끝이 어디인지요? 끝없는 우주를 유영하는 기분입니다.

'제우스의 피' 산지오베제 품종

흔히들 이탈리아 와인의 특징은 다양성이라고 말합니다. 듣지도 보지도 못한 많은 종류의 포도품종이 재배되고 이를 원료로 넓은 지역에서 특색 있는 각양각색의 와인들을 생산하기 때문인가 봅니다.

그 중에 단연 이탈리아를 대표하는 품종은 '제우스의 피'라고도 불리는 산지오베제라는 데 이의를 달 사람은 없을 것입니다. 가장 이탈리아다운 와인을 만드는 토스카나 지역의 주 품종이 산지오베제입니다. 아무도 모방할 수 없는 이탈리아 시골의 맛이라고 할 수 있습니다.

키안티(Chianti), 비노 노빌레 디 몬테풀치아노(Vino Nobile di Montepulciano), 그리고 브루넬로 디 몬탈치노(BDM, Brunello di Montalcino) 등이 이 품종으로 만들어집니다. 보랏빛이 감도는 검붉은 색상, 체리와 딸기향이 배어나 마치 봄의 화사함을 연상케 합니다. 산지오베제 품종은 석회질 토양에 잘 자라는 이탈리아 토착 품종이지만 재배하는 환경에 따라서 그 특징이 무궁무진하게 변화합니다.

브루넬로 디 몬탈치노는 가장

이탈리아다운, 이탈리아를 대표하는 와인입니다. 브루넬로 품종으로 몬탈치노에서 만들었다는 뜻으로, 브루넬로는 산지오베제가 그 지역의 특성에 맞게 변화돼 새로 붙여진 이름입니다.

와인 마니아들이 마지막으로 즐기는 와인은 부르고뉴의 피노 누아와 토스카나의 BDM이라는 말을 많이 합니다. 나도 절대적으로 동감합니다. 조미료를 넣지 않고 엄마의 손과 천연의 재료로 만든 음식과 같기 때문일 겁니다.

그 순박한 매력은 와인의 경험이 길어질수록 더욱 넘쳐납니다. 이는 세월이 흘러도 더 인간적이고 그리워지는 사람을 닮았습니다.

안개에 가려진 섹시함,
네비올로 품종

이탈리아 북서부에 위치한 피에몬테주는 삼면이 알프스산맥에 둘러싸여 있습니다. 이런 지형 때문에 산기슭(Piemonte)이란 이름이 붙여졌나 봅니다. 이탈리아 3대 와인 산지 중 하나인 피에몬테에서는 네비올로라는 품종으로 세계가 인정하는 와인을 생산하고 있습니다.

포도 수확기인 10월이 되면 안개가 자주 찾아오는데 바로 그 안개(이탈리아어로 nebbia)에서 연유돼 네비올로로 이름 지어졌습니다. 붉은 과일향과 우리나라 산딸기와 비슷한 라즈베리 맛이 납니다. 밝은 루비 컬러는 부르고뉴 피노 누아와 비교되기도 합니다.

안개 때문일까요? 특히 산미와 타닌 성분이 두드러집니다. 일조량이 일정하고 풍부한 지역에 비해 당도는 다소 떨어지는 것이 이 품종 와인의 특성인 듯합니다.

그 대표 주자는 바롤로(Barolo)의 레나토 라티(Renato Ratti), 체레토(Cereto)와 파올로 코르데로 디 몬테제몰로(Paolo Cordero di Montezemolo)가 있고, 바르바레스코(Barbaresco)의 가야(Gaja)와 브루노 지아코사(Bruno Giacosa)가 있습니다. 바로 이웃해 있는 이 두 마을이 네비올로의 성지라 할 수 있습니다.

와인 칼럼니스트이며 와인 비평가인 타라 토마스(Tara Q. Thomas)는 네비올로를 "비싸고 섹시하며 맛있다"고 간단명료하게 품평했습니다. 이 품종은 피노 누아처럼 생육이 까탈스럽고 많은 정성을 들여야 하기 때문에 타 지역에서는 거의 볼 수 없습니다.

알프스의 산자락에 안개에 뒤덮인 네비올로의 풍경은 상상만 해도 감성을 자극합니다.

스페인 컬트와인의 선구자 템프라니요 품종

스페인 와인은 세계 최대의 경작 면적과 좋은 기후조건에서 생산되지만 프랑스의 명품성과 이탈리아의 다양성에 밀려 그 가치를 인정받지 못한 시절이 있었습니다.

1870년대 중반, 포도나무 뿌리를 갉아 먹는 진딧물 '필록세라'의 병충해로 인해 프랑스의 포도 산업은 황폐화가 되었습니다. 이때 병충해가 없었던 스페인으로 많은 프랑스 와인 종사자들이 이주한 후 스페인의 와인은 한 단계 도약할 수 있었습니다.

스페인에는 템프라니요(Tempranillo)라는 훌륭한 토착 품종, 그리고 그 품종을 주로 취급하는 리오하(Rioja)와 리베라 델 두에로(Ribera del Duero)라는 훌륭한 마을이 있지만 프랑스(명품성), 이탈리아(다양성), 독일(전문성)처럼 뭔가 특색 있는 한 방의 와인이 없었습니다. '구슬이 서 말이어도 꿰어야 보배'이듯이 말입니다.

플라잉 와인메이커(Flying Winemaker)란 성수기에는 자신의 와이너리에서 일을 하다가 비수기에는 전 세계를 돌아다니며 컨설팅을 해주는 와인 전문가를 말합니다. 와인메이커 피터 시섹(Peter Sisseck)은 덴마크 출신으로 프랑스에서 활동하다가 이곳 리베라 델 두에로에

도미니오 데 핑구스(Dominio de Pingus)란 와이너리를 바르셀로나 올림픽에 즈음해서 설립하여 생산을 시작합니다.

그는 템프라니요의 한 그루에 2~3송이만 남겨서 응축미와 집중력을 극대화시켰고 1년에 6,000병 정도만 생산하며 희귀성까지 추가시켰습니다. 이로써 핑구스는 스페인 컬트와인의 선구자로 자리 잡고 나아가서 단번에 스페인 3대 와인의 선두까지 차지해 버립니다.

3대 와인 중 나머지 둘은 알바로 팔라시오스 레르미타(Alvaro Palacios Lermita)와 베가 시실리아 우니코(Vega Sicillia Unico)입니다. 핑구스는 1994년 병입 전 배럴 테이스팅 때 벌써 로버트 파커로부터 100점 만점을 받았으며 파커는 "셀러에 단 하나의 와인으로만 채워야 한다면 핑구스로 채울 것"이라고 극찬했습니다.

스트로베리, 레드커런트 등 붉은 과일향이 주류를 이루는 템프라니

스페인 카스티야 이 레옹(Castilla y Leon) 지방의 포도원

요는 핑구스가 스페인 와인을 세계의 명품 대열에 올리는 데 그 바탕되는 역할을 톡톡히 해냈습니다.

유럽에서 건너와 캘리포니아에서 피어난 진판델 품종

포도품종은 크게 유럽종, 즉 양조용으로 널리 쓰이는 비티스 비니페라(Vitis Vinifera)종과, 미국 자생종인 비티스 라브루스카(Vitis Labrusca) 종으로 나눠집니다. 미국 자생종은 당도가 떨어지고 와인 주조용으로 적합하지 않아 주로 식용으로 쓰이며, 유럽종 비티스 비니페라가 양조용을 거의 담당하고 있습니다.

진판델이란 포도품종이 있습니다. 이것을 원료로 블랙베리와 자두향이 가득하고 스파이시한 맛, 그리고 저렴한 가격의 캘리포니아산 와인이 생산됩니다. 알코올 도수는 높고 타닌이 강하며 색깔도 아주 진합니다. 진판델은 이탈리아에서 건너왔지만 캘리포니아 특산품으로 이름을 날리고 있습니다. 이주해온 비티스 비니페라 종인데 어

나파밸리 전경

떻게 미국의 자생종으로 취급받으며 미국 서부에서만 번성하고 이용되는지 규명하는 것은 흥미 있는 일이 되리라 생각됩니다. 샌프란시스코에서 매년 1월에 ZAP(Zinfandel Advocates & Producers Association)라는 축제가 성황리에 열립니다. 광범위하게 사용되는 품종은 아니지만 캘리포니아가 마케팅에 성공한 셈입니다.

'보헤미안 랩소디'는 영국 록그룹 퀸(Queen)의 대표곡입니다. 최근 퀸 멤버들의 일대기를 다룬 동명의 영화가 상영되었습니다. 성 정체성으로 혼란을 겪는 퀸의 보컬리스트 프레디 머큐리의 일생에서 그늘진 부분이 눈물을 자아내게 합니다. 그는 게이로서 당당히 자신을 정립하고 자신의 음악 세계를 높은 경지의 예술로 승화시켰습니다. 결국 에이즈로 일찍 죽었지만 그의 음악은 지금도 젊은 친구들이 공감하며 열광하고 있습니다.

진판델 또한 유럽에서 인정받지 못하고 방황하다가 그 정체성을 미국 캘리포니아에서 인정받고 이곳에서 꽃을 피웁니다. 가격 대비 괜찮은 와인입니다. 알코올 도수가 꽤 높습니다. 누구나 좋아할 타입의 와인은 아니지만 특색 있는 와인임은 분명합니다.

정열의 탱고와 어울리는 아르헨티나 말벡 품종

아르헨티나의 국민 음식은 소고기입니다. 국민 1인당 하루에 227g 정도를 소비한답니다. 음식과 술은 항상 공존, 공생하면서 발전해 왔습니다. 아르헨티나에서는 많은 와이너리들이 유명 레스토랑을 함께 운영합니다.

말벡이란 포도품종이 있습니다. 한때는 프랑스 전역에서 광범위하게 재배되었지만 이제는 찾아보기 힘든데, 이유는 불순한 일기에 민감하며 냉

아르헨티나 멘도사 지역 포도원

해에도 병충해에도 아주 약한 품종이기 때문입니다. 그런데 이 품종이 아르헨티나에 와서는 토착 품종으로 바뀌었습니다. 아르헨티나의 모든 환경이 생육에 더없이 좋은 여건이었나 봅니다.

아르헨티나 멘도사(Mendoza) 지역은 이 품종의 주재배지로 아르헨티나 와이너리의 60% 이상이 이곳에 정착하고 있습니다. 여기서 생산되는 와인은 강한 타닌, 검붉은 색조에 진한 보랏빛이 감도는 농후한 맛을 지니고 있습니다.

고기를 많이 섭취하는 나라답게 말벡을 국민 품종으로 자리매김합니다. 정말 육류와 잘 어울리는 와인입니다. 진한 베리향, 오크와 흑연향이 배어있는 독특한 포도품종 말벡은 아르헨티나 와인의 독자성을 세계에 알렸습니다. 아르헨티나 하면 정열적인 탱고가 연상됩니다. 말벡 와인이 이 탱고를 닮았네요.

드라이와 달콤함의 끝판왕
독일 리슬링 품종

포도나무 생육의 한계는 북위 50° 입니다. 한계 지역은 적포도가 자라기에 적당하지 않습니다. 그러므로 강한 산미가 느껴지는 화이트와인용 리슬링 품종을 많이 심습니다.

독일 와인은 85란 숫자와 인연이 많습니다. 화이트와인의 생산량이 85%, 레드와인의 생산량은 15%입니다. '리슬링'이라 표시된 것은 85% 이상 이 품종을 써야 하며 수확연도(빈티지)가 표시되면 85% 이상이 그해 수확된 포도를 사용해야 하는 것을 독일인들은 철저히 지키고 있습니다.

리슬링이 스위트한 와인이라고 생각하는 사람들이 의외로 많지만 매우 드라이한 것부터 꿀처럼 달콤한 것까지 다양하게 만들어집니다. 독일 와인의 특징을 '전문성'이라 정의하는 이유가 바로 리슬링 단 한 품종으로 다양한 맛과 풍미를 지닌 화이트와인을 만들고 있기 때문 아닐까요?

정상적인 수확시기의 포도로 만든 카비네트(Kabinett), 늦게 수확한 포도로 만든 슈페트레제(Spätlese), 선택된 포도로 만든 아우스레

경사진 포도밭에서의 수확 장면

제(Auslese), 손으로 골라 수확한 포도로 만든 베렌아우스레제(Beerenauslese), 드라이한 포도로 만든 트로켄 베렌아우스레제(Trocken Beerenauslese)….

독일은 이렇게 한 품종으로 전문성의 나라답게 화이트와인의 여러 등급을 정하고 있습니다.

강한 산미의 장점을 지닌 리슬링은 단단한 뼈대를 형성하면서 장기간 보관이 가능한 화이트와인으로 태어났습니다. 오렌지나 라임, 살구, 복숭아 같은 과일향이 섬세하게 배어있고 무색에 가까운 연두와 노란색을 띱니다.

영국의 와인 평론가 젠시스 로빈슨(Jancis Robinson)이 리슬링 와인의 4대 생산지인 라인가우(Rheingau)와 라인헤센(Rheinhessen), 팔츠(Pfalz), 모젤(Mosel)을 돌면서 맛과 향에 대한 평가를 했던 TV 프로그램이 생각납니다. 라인강의 아름다운 풍광과 어우러져 마치 낭만적인 한 편의 시를 낭송하는 듯한 해설이 인상적이었습니다.

화이트와인의 대표주자 샤르도네 품종

레드와인용 포도의 대표주자가 까베르네 소비뇽이라면 화이트와인용

청포도는 누가 뭐래도 샤르도네입니다. 이놈은 성질이 좋아서 추운 곳, 따뜻한 곳을 가리지 않고 세계 어디서나 잘 자라지만 그 특성을 잘 나타내는 곳은 프랑스 부르고뉴 샤블리(Chablis)나 캘리포니아 소노마(Sonoma)와 같이 약간 서늘한 지역입니다. 성격 좋고 친화적이고 인간성이 좋은 사람을 닮았습니다. 까칠한 피노 누아와는 비교가 됩니다.

샤블리는 파리 동쪽에 위치해 있지만 부르고뉴로 분류를 합니다. 아울러 샤블리는 마을 이름이자 와인명이며 와인 산지의 이름이기도 합니다. 이곳은 먼 옛날에는 바다 밑이어서 부식된 조개껍질과 칼슘이 땅속에 녹아 형성된 백색 연토질 석회암(Chalk)이 지층을 이룹니다. 때문에 포도에는 미네랄 향이 많은 편이고 또 청포도에 특유한 가벼운 과일향, 즉 감귤, 사과, 배 등에서 나는 향도 상당이 많이 녹아있습니다. 화이트와인이지만 대부분 오크통에서 숙성됩니다. 요즈음은 청포도 특유 과일향의 신선함을 살리기 위해 스테인리스 스틸 탱크 사용이 늘고 있는 추세입니다.

결국 샤블리 토양은 청포도에 적합한 테루아를 구비하고 있기에 적포도는 생산하지 않고 있습니다. 거의 모든 샴페인에 이 품종이 블렌딩되며, '블랑 드 블랑(Blanc de Blancs)'이라고 레이블에 씌어 있으면 샤르도네 100%로 만들어진 샴페인입니다.

샤블리를 마실 때 생선류나 굴이 생각난다는 말은 샤르도네가 먼 옛날 바다 밑의 추억을 담고 있기 때문일까요?

싱그럽고 청초한 맛, 소비뇽 블랑

프랑스 동부 루아르(Loire) 지역은 프랑스의 정원이라고 불릴 만큼 아름다운 풍광으로 귀족들의 별장이 많습니다. 이곳은 남북으로 종단하는 루아르강에 힘입어 와인 산업도 융성합니다.

소비뇽 블랑이란 청포도는 보르도 지역이 고향이지만 이곳 루아르 지역에서 더욱 번성합니다. 야성이 돋보이며 색상은 엷지만 청초한 맛과 싱그러움이 일품입니다. 서늘한 지역에서 생산되는 소비뇽 블랑은 신맛 나는 과일, 라임, 구스베리, 그리고 키위와 같은 과일향이 많지만 약간 더운 지역에서는 오렌지와 감귤, 멜론 같은 단맛이 조금 더해집니다. 품종이 가지고 있는 고유의 맛과 향을 살리기 위해서 오크통 숙성은 거의 하지 않는답니다.

루아르강 오른쪽의 푸이 퓌메(Pouilly Fume)와 왼쪽의 상세르(Sancerre) 지역이 유명한 산지입니다.

프랑스 화이트와인 중 발음이 비슷한 푸이 퓌세(Pouilly Fuisse)는 부르고뉴 마꼬네(Maconnais)에서 100% 샤르도네 품종으로 만들기 때문에 100% 소비뇽 블랑으로 만드는 푸이 퓌메와는 전혀 족보가 다른 와인입니다.

뉴질랜드의 약간 서늘한 말보로 지역이 소비뇽 블랑의 특징을 잘 나타내는 새로운 지역으로 각광을 받고 있습니다. 믿을 수 있는 품질, 신선하고 청결함, 여기에 더해 저렴한 가격이 장점입니다. 더운 여름 날씨에 어울릴 것 같습니다.

뉴질랜드 말보로 전경

와인 오디세이 **03**

GOOD WINE
시간과 노력이 깃들수록 좋은 와인

많은 나라에서 다양한 포도품종으로 헤아릴 수 없을 정도의 수많은 와인들이 매년 만들어지고 있습니다.

"어떤 와인이 좋은 와인입니까?"

누가 한 말인지 기억에 없지만 꽤나 유명한 사람이 "모든 와인은 다 좋다! 다만 호불호가 있을 뿐이다"라고 했습니다. 나는 그 말에 동의하지 않지만 일리 있는 말이기도 합니다.

와인메이커들은 더 좋은 와인을 만들기 위해서 끊임없이 노력합니다. 많은 실험을 하도 또 많은 투자도 아끼지 않습니다.

명품을 만들기 위해 '한 그루의 포도나무에 2~3송이만 수확'하기도 하고 '병입 후 장기간 숙성'을 한 뒤 시장에 내놓기도 합니다. '선별된 포도'로만 만들기도 하지만 '소량 생산'으로 희소성을 높이기도 합니다.

오래전부터 특이한 '테루아'로 인해 1등급 포도밭이나 마을로 인정된 곳에서 생산되는 와인이라고 다 같은 와인일 수는 없습니다. 많은 투자와 노력이 와인의 등급을 올리고 와인의 귀족 족보를 만들어내는 것입니다.

물론 자기 입에 맞는 와인이 최고로 좋은 와인이란 생각을 할 수도 있겠지만 공을 들이고 많은 투자를 한 와인은 분명 즐길 수 있는 스펙트럼이 더 넓고 깊은 법입니다.

나라마다 다른 와인 가이드라인

양질의 와인 생산을 지속하고 그 품질을 보장하기 위해 법으로 가이드라인을 정해 관리하는 나라들이 있습니다.

가장 앞선 나라는 명품 와인의 나라답게 프랑스입니다. 프랑스에서는 1935년에 AOC(Appellation d'Origine Controle, 원산지 명칭통제법)를 통해 정부에서 엄격하게 규제를 하고 있습니다. 이 법은 여러 번의 개정을 통해 확정된 것입니다.

그 내용은 대략 '와인에 쓰이는 포도는 그 지역에서 생산된 것인지?', '지역별로 정해진 포도를 사용했는지?', '포도는 규정에 따른 방법으로 재배했는지?', '1헥타르 당 포도 수확량은 정해진 양만큼인지?' 그리고 '숙성을 포함해 양조 기술은 허용된 범위에서 이루어지는지?' 등입니다.

이런 제도는 주위 와인 생산국에 많은 영향을 끼치게 됩니다. 이탈리아에서는 1963년에 제정된 DOCG(Denominazione di Origine Controllata Garantita, 원산지 통제규정)로, 스페인에서는 1970년에 제정된 DOC(Denominacion de Origen, 원산지 호칭법)으로 관리하고 있습니다.

정부에서 규제를 하고 있기에 와인 라벨에 약칭으로 명기된 이런 표시가 있다면 일단 괜찮은 와인이라 생각해도 무방합니다.

물론 예외가 있긴 합니다. 이탈리아의 슈퍼투스칸(Super Tuscan)이 대표적인 예로, 규정을 따르지 않고 독자적인 방식으로 와인을 만들어서 정부에서 인정하는 등급은 없지만 세계적으로 유명한 와인을 만들어내고 있습니다.

프랑스

레드와인의 보고 프랑스 보르도

프랑스 보르도 지방은 57개 생산지에서 AOC 등급의 상급 와인을 생산하고 있습니다. 그중 꼭 기억해둬야 할 다섯 곳은 메독, 뽀므롤, 그라브(Graves)와 페삭 레오냥(Pessac Leognan), 그리고 쌩떼밀리옹입니다.

1855년 나폴레옹 3세는 프랑스 파리국제박람회를 앞두고 보르도 와인의 명성과 가격을 기준으로 하여 자체 분류법으로 5개 등급, 61개소의 그랑크뤼 와이너리를 정합니다.

사람으로 비유하자면 귀족의 작위를 받은 셈입니다. 모두 괜찮은 와인들로, 1855년 보르도 공식 포도주 분류법(Bordeaux Wine official Classification)에 의한다는 표기를 하고 있습니다.

제2차 세계대전 이후 초대 독일연방공화국 총리가 된 아데나워는 1949년 프랑스를 방문하면서 전쟁 중 독일이 저지른 만행을 사죄하는 장소로 "프랑스인들의 마음 한가운데 보르도가 있고 보르도 한가운데 샤또 마고가 있다"며 오메독(Haut Medoc) 지역 마고마을로 결정했습니다. 이곳은 1등급 샤또 마고를 비롯해 21개의 그랑크뤼 와이너리가 그 가치를 뽐내고 있습니다.

보르도 지역 61곳 그랑크뤼 와인 등급

1등급(Premiers Grand Cru Class, 프리미에 그랑 크뤼 클라쎄):5개 샤또

라피트 로쉴드(뽀이약)
샤또 라뚜르(뽀이약)
샤또 마고(마고)
샤또 오브리옹(그라브-뻬싹)-그라브 지역 와인
샤또 무똥 로쉴드(뽀이약)-1973년 1등급으로 승격

2등급(Second Grand Cru Class, 쓰꽁 그랑 크뤼 클라쎄): 14개 샤또

샤또 꼬데스뚜르넬(생떼스테프)
샤또 몽로즈(생떼스테프)
샤또 피숑 롱그빌 바롱 드 피숑(뽀이약)
샤또 피숑 롱그빌 꼼떼스 드 라랑드(뽀이약)
샤또 레오빌 라스 카스(생쥴리앙)
샤또 레오빌 뽀이페레(생쥴리앙)
샤또 레오빌 바르똥(생쥴리앙)
샤또 그루오 라로즈(생쥴리앙)
샤또 뒤크뤼 보까이유(생쥴리앙)
샤또 로장 세글라(마고)
샤또 로장 가씨(마고)
샤또 라스꽁브(마고)
샤또 브랑깡뜨냑(마고)

3등급(Troisiems Cru, 뚜와지엠므 크뤼): 14개 샤또

샤또 키르완(마고)
샤또 디쌍(마고)
샤또 라랑쥐(생쥴리앙)
샤또 랑고아 바르똥(생쥴리앙)
샤또 지스꾸르(마고)
샤또 말레스꼬 생떽쥐페리(마고)
샤또 보이드 깡뜨냑(마고)
샤또 깡뜨냑 브라운(마고)
샤또 빨메(마고, 60만원 이상)
샤또 라 라귄(오 메독)
샤또 데스미레일(마고)
샤또 깔롱 세귀르(생떼스테프)
샤또 뻬리에(마고)
샤또 마퀴 달렘므 베께르(마고)

4등급(Quatriemes Cru, 까뜨르지엠므 크뤼): 10개 샤또

샤또 생 삐에르(생쥴리앙)
샤또 딸보(생쥴리앙)
샤또 브라네르 뒤크뤼(생쥴리앙)
샤또 뒤아르 밀롱(뽀이약)
샤또 뿌제(마고)
샤또 라뚜르 까르네(오메독)
샤또 라퐁 로쉐(생떼스테프)
샤또 베이쉬벨(생쥴리앙)
샤또 프리외르 리쉰(마고)
샤또 마퀴 드 테름(마고)

5등급(Cinquiemes Cru, 끄지앰므 크뤼): 18개 샤또

샤또 뽕떼 까네(뽀이약)
샤또 바따이(뽀이약)
샤또 오 바따이(뽀이약)
샤또 그알뿌이 라꼬스테(뽀이약)
샤또 그랑 뿌이 뒤까세(뽀이약)
샤또 린쉬 바쥬(뽀이약)
샤또 린쉬 무싸(뽀이약)
샤또 도작(마고)
샤또 다마이약(뽀이약)
샤또 뒤 떼르(마고)
샤또 오 바쥬리베랄(뽀이약)
샤또 뻬데스끌로(뽀이약)
샤또 벨그라브(오메독)
샤또 까망삭(오메독)
샤또 꼬스 라보리(생떼스테프)
샤또 끌레르밀롱(뽀이약)
샤또 끄로아제 바쥬(뽀이약)
샤또 깡뜨메를르(오메독)

부드럽고 은은한 부케향의 섬세하고 우아한 레드와인 샤또 마고는 아기 다다시의 『신의 물방울』이란 책에서는 이집트 여왕 클레오파트라가 연상된다고 했더군요. 절대 미각을 가진 한 와인 친구는 혀가 녹아내리는 느낌을 받았다고 합니다.

치명적인 향의 마법이 이 와인을 좋아하는 사람들을 끝내 죽음으로 이끌고 있습니다. 샤또 마고를 사랑한 작가 헤밍웨이, '실락원'의 주인공들이 이 와인과 함께 자살 여행을 떠나니까요.

북쪽에서는 도르도뉴(Dordogne)강이 흐르면서 우측으로 뽀므롤과 쌩떼밀리옹 같은 주옥같은 와인 산지가 형성되었으며 남쪽에는 가론(Garonne)강 좌안으로 페삭레오냥과 그라브 같은 훌륭한 와인 생산지가 생겨났습니다.

가론강은 보르도 시내 한가운데를 통과하면서 곧바로 도르도뉴강과 합류해 지롱드(Gironde) 강이 되어 대서양으로 흘러 들어갑니다. 이 강의 좌안이 그 유명한 메독 지역으로 쟁쟁한 와이너리들이 보르도 와인을 대표하고 있습니다.

경상북도 북부 지역 영양은 유명한 고추 산지입니다. 경상북도나 북부 지역의 고추가 유명한 것이 아니라 영양의 고추가 유명한 것입니다. 토양과 기후가 고추 생장에 어울리기 때문입니다.

떼루아가 고추에 어울린다는 말입니다. 보르도 메독 와인도 라벨에 마을 이름이 들어갈 수 있는 6개소가 법으로 지정돼 있습니다. 즉 '보르도'나 '메독'이 아니라 마을 이름이 들어간 와인이 더 훌륭한 와인으로 인정을 받는 것입니다.

자롱드 강
레스빠르 메독
메독
쌩떼스데프
오 메독
뽀이약
뽀이약
쌩쥴리엥
꼬뜨 드 블라예 &
프르미에 꼬뜨 드 블라예
리스트락 메독
마고
꼬뜨 드 부르
물리
마고
보르도 슈페리외 & 보르도 AC
프롱삭
1. 까농 프롱삭
2. 뽀므롤
3. 랄랑드 드 뽀므롤
4. 몽따뉴 쌩떼밀리옹
5. 쌩조르류 쌩떼밀리옹
6. 뤼삭 쌩떼밀리옹
7. 퓌세갱 쌩떼밀리옹
8. 보르도 꼬드 드 프랑스
그라브
드 바이에르
쌩떼밀리옹
꼬뜨 드 까스티용
보르도
쌩뜨푸아 보르도
프르미에 꼬뜨
드 보르도
앙트르 되 메르
보르도
오 브노쥬
루삐악,
까디악
꼬뜨 드
보르도
쌩마께르
랑곤
소테른
보르도 슈삐리외 &
보르도 AC

샤또 마고 와이너리

뽀이약 마을은 1등급 그랑크뤼 세 곳(샤또 라뚜르·라피트·무똥 로쉴드)을 포함해 18개의 그랑크뤼가 있습니다. 마고 마을 또한 1등급 샤또 마고를 포함해 21곳이 있으며 생 떼스떼프(St-Estephe) 5곳, 생 줄리엥(St-Julien) 11곳 그리고 그랑크뤼로 지정된 와이너리는 없지만 물리(Moulis)와 리스트락(Listrac)이 마을 이름을 라벨에 훈장처럼 표기할 수 있습니다. 마을 이름이 와인의 품질을 보증하는 셈이지요.

2008 빈티지부터 크뤼 부르조아로 라벨 통일

보르도의 위도는 45°입니다. 참고로 서울은 37.6°, 프랑스 파리의 에펠

탑은 48.9°입니다. 보르도는 서울보다 한참 위인 중국 장춘이나 하얼빈과 비슷한 위도에 위치하고 있지만 해양성 기후 탓에 포도 생육에 적합합니다.

메독 지역은 레드와인만 생산하며 주 품종은 까베르네 소비뇽과 까베르네 프랑입니다. 이 품종이 잘 자라는 석회석 점토와 다양한 크기의 자갈과 모래로 형성이 되어 있기 때문입니다.

보르도에는 7,000개가 넘는 와이너리가 있습니다. 1855년 제정된 보르도 그랑크뤼 등급의 61개 포도밭은 150년이 지난 오늘날까지도 그 명성과 혜택을 누리고 있지만 현재에는 많은 불만들이 쏟아져 나오고 있는 실정입니다. 당시의 환경과는 너무나도 많은 차이가 있기 때문입니다.

그럼에도 그 명성에 안주해 품질 향상에 투자를 게을리하는 와이너리가 일부 있게 마련입니다. 이에 보르도의 실력 있는 와이너리들이 '크뤼 부르주아(Cru Bourgeois)'라는 조합을 결성하게 되며 이를 와인 레이블에 표기하게 됩니다. 이 조합의 구성원은 1855년 등급에 탈락, 또는 그 당시 없었거나 이런저런 이유로 배제된 와이너리들입니다. 이들이 자체적으로 등급을 부여하는 와인들은 전부 어느정도의 수준에는 도달한 것들입니다.

1932년에 444개, 그 후 제도 보완 및 조정을 거쳐 2003년에 247개 샤또를 크뤼 부르주아 엑셉시오넬(Exceptionnels) 9개, 크뤼 부르주아 쉬뻬리외르(Superieur) 87개, 그리고 크뤼 부르주아 151개, 3단계로 공식화했지만 이 또한 선별과 등급의 공정성에 문제가 제기되면서 2008

년 빈티지부터는 총 246개 와이너리의 모든 등급을 구분 없이 크뤼 부르주아로 통일하기로 했습니다. 하지만 엑셉시오넬로 선정됐던 샤또 샤스 스플린(Ch. Chasse Spleen), 샤또 드 뻬즈(Ch. de Pez), 샤또 레 조름 드 뻬즈(Ch. Les Ormes de Pez), 샤또 퐁땅싹(Ch. Pontensac), 샤또 뿌조(Ch. Poujeaux), 샤또 시랑(Ch. Siran), 샤또 오 마르뷔제(Ch. Haut Marbuzet), 샤또 라베고르스 제데(Ch. Labegorce-zede), 샤또 펠랑 쎄귀르(Ch. Phelan Segur)는 엑셉시오넬이란 명칭은 없어졌지만 여전히 그 가치는 인정받고 있습니다.

특이한 것은, 생 줄리엥에 있는 샤또 글로리아(Ch. Gloria)입니다. 샤또 글로리아는 1855년 당시에는 없었지만 나중에 크뤼 부르주아 쉬뻬리외르 등급으로 초대됐는데, 이 와이너리가 거절해서 등급은 없지만 이 때문에 더 유명해지기도 했습니다.

이래저래 보르도는 레드와인의 보고라 할 수 있습니다.

유명 화가 라벨로 와인을 예술적 가치로 끌어올린 무똥 로쉴드

보르도 1등급 와인 5대 샤또의 인기와 명성은 더 이상의 설명이 필요 없을 만큼 대단합니다. 프랑스 와인의 자존심이며 까쇼 품종 와인의 대명사처럼 군림하면서 고급 와인 시장을 선도하고 있습니다.

그중 무똥 로쉴드는 많은 투자와 노력으로 와인 시장에 엄청난 변화를 가져다줬습니다. 우선 1924년에는 종전 통 단위 판매 관행을 깨고 샤또에서 직접 병입을 시도해 정착을 시킵니다. 위생적 처리와 정확

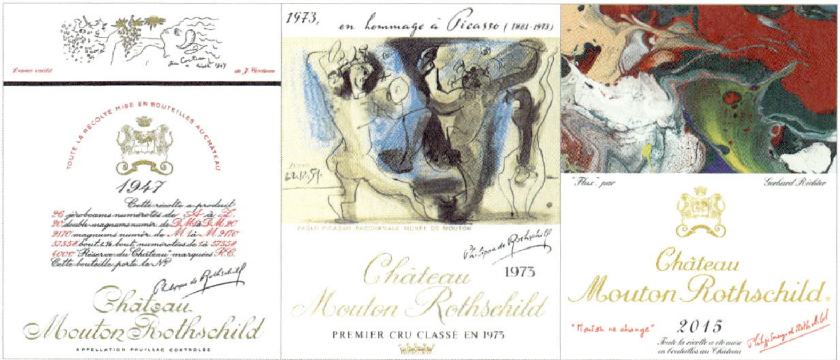

무똥로쉴드의 라벨들. 왼쪽부터 1947년 장콕토, 1973년 파블로 피카소, 2015년 게르하르트 리히터의 작품.

한 양으로 고객의 신뢰를 얻은 것입니다.

이때만 해도 2등급이었던 무똥 로쉴드는 "나는 1등이 될 수 없었다. 하지만 2등은 내가 선택한 것이 아니다. 나는 무똥이다(First I can not be, Second I do not choose to be, Mouton I am)"라며 절치부심 1등급에 대한 열망을 키웠습니다.

무똥 로쉴드는 1945년 빈티지부터 세계적인 화가의 그림을 라벨에 넣음으로써 와인의 품격을 예술적 수준으로 높였습니다. 1947년에는 장 콕토, 1958년에는 살바도르 달리, 1969년에는 호안 미로, 1970년에는 마르크 샤갈, 그리고 1975년에는 앤디 워홀 등 당대 최고 화가의 작품을 매년 라벨에 담아 지금까지 이어져 오고 있습니다.

드디어 1973년 1등급으로 승격이 됩니다. 1855년 보르도 등급 결정 이후 100년 넘는 세월 만에 처음으로 변화가 생긴 겁니다. 선도적으로 많은 노력과 정성을 쏟은 결과 1등급의 꿈을 이룬 무똥 로쉴드는 "나는 이제 1등이다. 나는 과거 2등이었다. 하지만 무똥은 변하지 않는다(First I am, Second I was, Mouton doesn't change)."라고 당찬 소감을 피력했습니다.

이 역사적인 쾌거를 이룬 무똥 로쉴드 1973년 빈티지 라벨은 파블로 피카소가 장식합니다. 우리나라의 화가로는 이우환 화백의 그림이 2013년 빈티지에 처음으로 선정된 바 있습니다.

매년 누구의 그림이 무똥 로쉴드의 라벨을 채울지도 커다란 관심사가 되었습니다.

무똥 로쉴드

메를로 와인의 성지 뽀므롤

보르도 도르도뉴 강 우안에는 뽀므롤이란 와인 산지가 있습니다. 좌안과는 전혀 다른 진흙 토양이 메를로라는 포도품종을 잘 자라게 합니다. 짙고 깊은 색상, 붉은 과일과 제비꽃향이 특징이며 섬세하면서 벨벳처럼 부드럽고 감각적인 질감은 가히 메를로 품종의 정수라 할 수 있습니다.

뽀므롤은 옆 마을 쌩떼밀리옹과 함께 레드와인만 생산하지만 쌩떼밀리옹에서 누구나 쉽게 붙이는 그랑크뤼라는 표현을 라벨에 넣지 않습니다. 그렇지만 그 순수함과 소박함이 널리 인정받고 있을 뿐 아니라 평균적으로 맛과 향이 다 훌륭하다는 평가를 받고 있습니다. 부풀려서 자신을 과시하지 않는 겸손함이 있습니다.

뽀므롤 하면 먼저 생각나는 몇 가지는 와이너리 페트뤼스와 그 경영자인 크리스티앙 무엑스(Christian Moueix), 가라지 와인(Garage Wine)의 선두주자 르펭(Le Pin), 와이너리 앞에 서 있는 소나무 상표 등입니다.

보르도 4대 와인 산지 중 가장 작은 포도 생산면적(1,846에이커/메독 4만199에이커, 쌩떼밀리옹 2만3,384에이커)이지만 알차고 좋은 와인들이 생산되고 있습니다. 메를로 와인의 성지와도 같다는 생각이 듭니다.

뽀므롤 최고의 와인 샤또 페트뤼스

샤또 페트뤼스! 천국으로 통하는 열쇠를 들고 있는 베드로 그림의 와인 에티켓(레이블)이 인상적입니다. 부르고뉴에 피노 누아로 만든 로마네 꽁띠가 있다면 보르도 뽀므롤에는 메를로로 만든 샤또 페트뤼스가 있습니다.

뽀므롤은 오직 레드와인만 생산하고 등급체계도 없지만 옆 마을 쌩

샤또 페트뤼스

떼밀리옹의 15% 정도만 생산하기 때문에 희귀한 편입니다. 그중 최고의 자리는 샤또 페트뤼스가 차지하고 있습니다.

와이너리 주변에 페트뤼스 언덕(Hill of Petrus)이 있지만, 그 보다 먼저 로마시대에 이 지역을 페트뤼스(Petrus)란 이름을 가진 로마 사람이 소유한 것에 유래해서 '성 베드로'의 그리스어 버전인 페트로스(Petros)로 와인의 로고를 정하였답니다.

1년에 3만 병 정도를 생산합니다. 이는 100가지 이상의 와인 브랜드를 소유한 세계 최대 규모 와이너리인 갤로(Gallo)사가 1병을 6분에 생산한다면 페트뤼스는 1년이 걸리는 셈입니다. 실제로 갤로사는 연간 7억 2천만 병을 생산합니다.

포도 수확 시기에 비가 오거나 습기가 많을 경우 헬리콥터를 동원해 물기를 날려 버린 후 포도를 걷어 들인답니다.

영국여왕 엘리자베스 2세 결혼식 만찬주에 사용되고 케네디 가문을 통해 미국 상류사회에 진출하여 럭셔리한 고급와인의 상징으로 인정받으면서 더욱 유명해집니다.

뽀므롤의 토양은 엷은 푸른빛을 띤 진흙이지만 하토층은 자갈로 형성돼 있어 가히 메를로 품종의 최적지라고 할 수 있습니다.

페트뤼스는 보르도 와인에 비하여 탄닌 성분은 적지만 장기 숙성형 와인입니다. 100% 메를로 품종으로 만들며 바닐라, 블랙커런트와 베리의 향이 일품이지요.

샤또 페트뤼스

한 가지 아쉬움이 있다면 가짜가 많은 와인 중 하나라는 것입니다. 1년에 3만 병을 생산하지만 홍콩에서만 1년에 6만 병이 유통된다는 우스갯소리가 있을 정도입니다.

가라지 와인의 선두주자 샤또 르펭

가라지 와인이란 차고처럼 작은 면적에서 소규모로 생산되는 고급와

샤또 르펭

인을 의미합니다. 그 선두주자로 이름을 알린 와인이 뽀므롤 마을에서 100% 메를로로 만드는 샤또 르뼁(Ch. Le Pin)입니다.

2헥타르의 작은 면적에 연 8,000병 이하의 소량 생산을 해서 와인 애호가들이 갈망하는 대상이기도 합니다. 수백만 원을 호가하지만 워낙 소량이라 쉽게 구할 수가 없는 게 현실입니다.

아직 2001년 빈티지를 마셔 본 적은 없지만 어떤 경험자가 카페에 올린 경험자가 글에는 "입안에서 실크를 펼쳐 놓은 듯한 부드러움과 애무하는 듯 한 잔잔하고도 길고 긴 피니쉬, 이런 매혹적인 와인이 세상에 또 어디 있을까?"라면서 극찬 중 극찬을 하고 있습니다.

다른 빈티지를 경험한 적은 있는데 짙은 루비색에 검은 과일의 아로마가 정말 일품이었던 기억이 아직도 생생합니다.

1979년 벨기에 출신의 자크 티엔퐁(Jacques Thienpont)이 이 자그마한 밭을 인수하면서 와인 세계에 가라지 와인이란 새로운 별이 등장하게 됩니다.

가라지 와인을 보면, 영화 '자이언트'가 생각납니다. 거대한 농장주 록 허드슨과 그의 아내 리즈 테일러, 그리고 일꾼 제임스 딘이 삼각관계를 이루면서 전개되는 극의 줄거리도 흥미롭지만, 끝이 보이지 않을 만큼 광활한 농장 규모가 더 인상적이었습니다. 이 영화에서 자녀들은 거대한 농장을 외면하고 자기들이 원하는 바 작고 소박한 일을 하고 싶어 합니다.

빅(Big)이 아니라 아름다운 스몰(Small)을 선택한 것입니다.

샤또 발랑드로(Ch. Ballandreau)와 라 몽도트(La Mondotte) 그리

고 르 돔(Le Dome)도 꽤 유명한 가라지 와인입니다. 이 영향으로 미국에 컬트와인이 탄생하게 됩니다.

뽀므롤의 와인 장인 미셸 롤랑

신은 포도를 만들었지만 인간은 와인을 만들었습니다. 그래서 와인을 '신의 물방울'이라고 하는가 봅니다.

많은 사람들이 헤아릴 수 없이 많은 신의 물방울을 만들지만 모두 다 명품이 될 수는 없습니다. 탁월한 미각, 선구자적 지혜와 노력, 그리고 철저한 장인정신으로 무장된 사람이 환경과 때를 잘 만나야 훌륭한 작품을 만들 수 있는 것입니다. 마치 신비한 고려청자의 탄생과도 같다고 할까요?

각 지역마다 명성을 얻고 있는 와인 장인이 있습니다. 미국에 나파밸리 와인의 선구자인 로버트 몬다비가 있다면 뽀므롤 하면 미셸 롤랑(Michel Rolland)을 얘기하지 않을 수 없습니다. 자기 집에서 운영하는 와이너리 르 봉 파스퇴르(Le Bon Pasteur)에서 태어나 유년기를 보냈으며 보르도 대학에서 양조학을 전공하고 현재 포도밭과 함께 살고 있는 이 시대 가장 뛰어난 양조가 중 한 사람입니다.

와인 컨설턴트(Wine Consultant)는 와인 생산에 필요한 지식을 조언해주는 전문직입니다.

미셸 롤랑은 현재 미국, 프랑스, 스페인, 칠레, 남아공, 아르헨티나, 중국 등 전 세계 14개국 200여 와이너리에서 보좌 직원과 함께 컨설

팅하고 있는, 세계에서 가장 바쁘고 유명한 와인 컨설턴트입니다. 1년 내내 전세기로 움직이기 때문에 '날아다니는 와인 컨설턴트(Flying Wine Consultant)'라고 부릅니다.

미셸 롤랑은 "좋은 와인이란 당신이 마셨을 때 맛있는 와인" 그리고 "당신의 혀를 믿으세요"라고 말합니다. 내 마음에 쏙 드는 말입니다. '맛의 독립선언을 하라'라는 내 지론과 흡사해 엄청 좋아합니다.

샤또 르봉파스퇴르

내가 마셔 본 르봉 파스퇴르는 그의 스타일답게 짙은 컬러와 진한 농축미, 농익은 검은 과일 맛으로 뽀므롤 와인의 수준을 충분히 말해주는 듯 했습니다.

그는 "최고의 와인은 최고의 와인메이커가 만드는 것이 아니라 최적의 상태로 잘 익은 포도가 만드는 것"이라고 말하는 겸손까지 갖추고 있습니다.

성자 에밀리옹의 와인 쌩떼밀리옹

유명한 와인 산지에는 모두 독특한 와인과 나름의 와인 문화가 있습니다. 보르도에서 북동쪽으로 40km, 도르도뉴강 우측에 쌩떼밀리옹이란 작고 아름다운 마을이 있습니다. 인구 7,000여 명이 사는 이 마을은 1999년 유네스코 세계문화유산으로 지정되었습니다.

로마시대 수도사 에밀리옹이 살았다고 해 성자 에밀리옹(St. Emilion)으로 불리는 이 마을은 가톨릭의 성지 순례지로도 이름이 알려져 있습니다.

이곳이 유명 와인산지가 된 것은 오래전 이 마을의 수도사들이 미사에 쓸 와인을 만들면서 양조기술 발전시켜 왔고 이것이 좋은 와인 생산의 밑거름이 되었기 때문입니다. 이 마을의 제품은 많은 애호가들로부터 사랑받아 오늘날 프랑스 와인의 명품성에 일조를 하고 있습니다.

이곳은 보르도와인 생산량의 3분의 2가량을 차지하고 있습니다.

1995년에 제정되어 매 10년마다 등급 조정을 하고 있는 이곳의 와인 체계는 좌안의 메독 등급체계와는 전혀 다릅니다.

엄격하고 공정하게 진행되는 등급 조정 결과에 회원사들도 깨끗이 승복한다고 합니다.

프레미어 그랑크뤼 클라세(Premier Grand Cru Classe) 18개 중 A급은 4개로 메독 1등급과 같은 수준입니다. 샤또 슈발 블랑(Chateau Cheval Blanc), 샤또 오존(Ausone), 샤또 앙젤뤼스(Angelus), 샤또 파비(Pavie)가 여기에 속합니다.

쌩떼밀리옹

샤또 피작(Figeac)을 비롯한 14개 샤또는 메독 2등급에서 5등급에 해당한다고 보면 됩니다.

다음 등급인 그랑크뤼 클라세는 메독의 크뤼 부르주아에 견줄 수 있으며 그랑크뤼라고만 표기된 와인은 평범한 테이블와인으로 보면 될 듯합니다.

메를로 특유의 관능적이고 부드러운 와인은 뽀므롤과 함께 보르도 와인의 자랑이라고 할 수 있습니다.

까베르네 프랑 품종이 유명한 쌩떼밀리옹

와인을 만들 때는 와인의 골격을 형성하는 주품종과 균형을 맞추기 위

샤또 슈발블랑

샤또 파비

한 보조품종이 사용됩니다. 물론 100% 단일 품종의 와인이 있긴 하지만 보르도 와인들은 대부분 몇 가지 품종을 혼합하여 제조합니다.

보르도에서 주류를 이루는 품종은 까베르네 소비뇽과 메를로입니다. 까베르네 프랑을 포함한 그 외의 품종은 보조역할을 합니다. 특이하게도 방금 앞에서 언급한 쌩떼밀리옹의 샤또 슈발 블랑과 샤또 오존은 까베르네 프랑을 주종으로 하여 보르도 8대 와인(보르도 1등급 5대 샤또, 페트뤼스)에 이름을 올립니다.

이는 가수 김건모의 백댄서로 활동하다가 더 유명해진 박진영의 경우와 비슷하다고 하겠습니다.

색이 밝고 타닌이 적은 이 보조품종의 특성을 잘 살려서 명품 와인으로 만든 케이스입니다. 앙리 4세가 좋아하는 백마를 바꿔 타기 위해 머물렀던 곳이 샤또 슈발 블랑의 라벨이 되었습니다. 보르도와 부르고뉴의 특성을 모두 갖춘 섬세하고 균형 잡힌 이 와인은 끝없는 명품을 추구하는 루이 뷔똥과 모에헤네시그룹(LVMH)이 소유하고 있습니다.

샤또 오존

1년에 18만 병 정도로 꽤 많은 양의 와인을 생산하는 데도 불구하고 가격이 엄청 높으며 구하기도 쉽지 않습니다.

영화 '사이드 웨이'의 주인공 마일즈는 61년 빈티지 샤또 슈발 블랑을 아끼고 자랑하며 좋은 일이 있을 때 마실 거라고 입버릇처럼 말하지만 실연의 아픔을 달래면서 패스트푸드점에서 종이컵에 따라 마십니다.

"특별한 날에 따는 것이 아니라 이 와인을 따는 날이 특별한 날이다"라며….

수령 50~55년의 포도로 만드는 샤또 오존 또한 까베르네 프랑을 주 품종으로 연 2만4,000병 정도의 소량만을 생산합니다. 이 와인은 그 희귀성 때문에 그리고 고가인 것도 한몫 하면서 마니아들이 가슴 설레며 얻고 싶어 하는 명품의 앞자리를 차지하고 있습니다.

필자는 아직 못 마셔봤습니다. 셀러에 잠자고 있는 이 녀석을 좋은 날에 오픈할지 아니면 따는 날이 좋은 날인지?

가론강 좌안 그라브

그라브 지역은 보르도시 외곽, 가론강 좌안에 있는 와인 산지입니다. 토양에 자갈이 많아 그라브(자갈)라는 이름이 붙여졌습니다.

보르도 전역에는 레드와인이 대세이지만 그라브 지역에서는 특이하게도 화이트와인이 20% 이상 생산되고 있습니다.

그라브 지역 내 페삭과 레오냥에는 레드와 화이트 와인의 고급 와이너리들이 많이 있습니다.

1855년에 지정된 그랑크뤼 1등급 5대 샤또 중 메독 외 지역으로는 유일하게 페삭의 샤또 오브리옹이 들어있습니다. 소테른에는 세계 최고의 후식와인으로 자타가 인정하는 샤또 디켐이 그라브 와인의 자존심을 한껏 뽐내고 있습니다. 특히 귀부 와인이 생산되는 소테른은 이곳에서 만드는 와인에만 '소테른'이란 마을 이름을 레이블에 쓸 수가 있습니다.

총 16개의 샤또에 22개의 포도밭(Cru)이 그랑크뤼(Grand Cru)로 선정되어 그랑크뤼 클라세(Classe)라고 레이블에 표시를 할 수 있습니다. 그라브 등급의 1등급이라고 할 수 있고, 샤또 부스꼬(Bouscaut), 샤또 까르보니외(Carbonnieux), 도멘 드 슈발리에(Domaine de Chevalier), 샤또 꾸엥(Couhins) 등이 여기에 이름을 올리고 있습니다.

화이트와인 중에서 특이한 샤또 파프 클레망 블랑(Chateau Pape Clement Blanc)은 교황 끌레망 5세(Pope Clement V)의 이름에서 유래되었습니다. 론 지방의 레드와인 샤또 네프 드 파프(Ch. Neuf de Pape)와 함께 유일하게 교황의 문장을 사용할 수 있는 와인입니다.

이 지역 화이트와인에 포도를 제공하는 품종은 세미용과 소비뇽 블랑입니다.

토머스 제퍼슨이 좋아한 샤또 오브리옹

1855년 보르도 그랑크뤼 클라세를 61개로 분류할 당시 60개가 메독에서 생산하는 와인이었고 나머지 하나는 그것도 1등급으로 그라브 지역의 샤또 오브리옹이 선정되었습니다.

미국의 3대 대통령 토머스 제퍼슨은 알아주는 와인광이었습니다. 특히 보르도와인에 대한 그의 애정은 아주 각별했다고 합니다.

오늘날 가끔 경매시장에 그의 이니셜(TJ)이 각인된 와인이 등장하

샤또 오브리옹

면 어김없이 고가로 낙찰되곤 합니다.

그가 대통령이 되기 전 프랑스 대사 시절에 샤또 오브리옹을 최고의 와인으로 인정한 바가 있습니다. 1815년 나폴레옹의 몰락으로 패전국 프랑스 지위를 논의하는 비엔나회의에서 이 와인의 맛이 프랑스에 유리하게 협상이 마무리 되도록 만들었다고들 말합니다.

2000년에 방한한 자크 시라크 프랑스 대통령이 김대중 대통령에게 한 선물이 바로 샤또 오브리옹입니다.

라뚜르, 라피트, 마고, 무똥 로쉴드와 함께 5대 샤또에 속하는 오브리옹은 까베르네 소비뇽의 비중을 낮추고 메를로 비중을 높여서 오브리옹만의 독특한 향과 맛의 세계를 만들었습니다.

와인 잔에 따르는 순간, 봄꽃들의 향연처럼 그 그윽하면서도 매혹적인 향기에 취해 와인 잔에 입이 가질 않았던 경험을 한 바 있습니다.

샤또 마고의 향이 치명적이라 말하지만 오브리옹 와인은 말러 5번 4악장처럼 감미롭고 편안하게 감동을 줍니다.

소테른

귀부와인(Noble rot, 불어 Pourriture)은 귀하게 썩은 포도로 만든 달콤한 후식 와인을 뜻합니다. 어떻게 썩어야 귀하게 되는 건가요? 자연의 힘을 빌려야만 가능한 일입니다.

포도 수확기 날씨가 밤에는 기온이 내려가서 이슬이 맺히고 아침에는 안개가 끼고, 낮에는 강한 햇빛이 습기를 증발시키는 기상조건이 반복이 되어야 합니다. 이런 환경이 곰팡이 '보트리티스 시네레아(Botrytis Cinerea)'라는 균이 서식하기 좋은 날씨입니다.

이 곰팡이는 안개를 타고 포도에 달라붙어 수분을 없애 버리는 역할을 하기 때문입니다. 포도에 수분이 없어지면 건포도처럼 달콤한 농축된 포도가 됩니다. 바로 고급 후식와인을 만드는 최상의 재료가 되는 겁니다. 이런 환경을 갖춘 마을이 바로 그라브 지역에 '소테른(Sauternes)' 마을입니다.

당도를 측정하는 단위로 브릭스(Brix)를 사용합니다. 식용 포도는 10~15브릭스, 레드와인 양조용은 22브릭스 이상, 달콤한 후식와인은 26브릭스 이상 이어야 합니다. 소테른 마을에서는 '세미옹(Semillon) 품종을 사용하는데 수분이 날아간 상태로 36브릭스 정도가 된답니다. 참고로 꿀이 40브릭스라니까 엄청 단 셈이네요.

'샤또 디켐(Chateau d'Yquem)'은 1993년에 설립 400주년 기념식을 한 역사가 깊은 와이너리입니다. 1847년 뤼스 살리스 가의 베르트랑 후작은 여행 중 귀가 시기가 늦어져서 포도 수확시기를 놓치고 맙

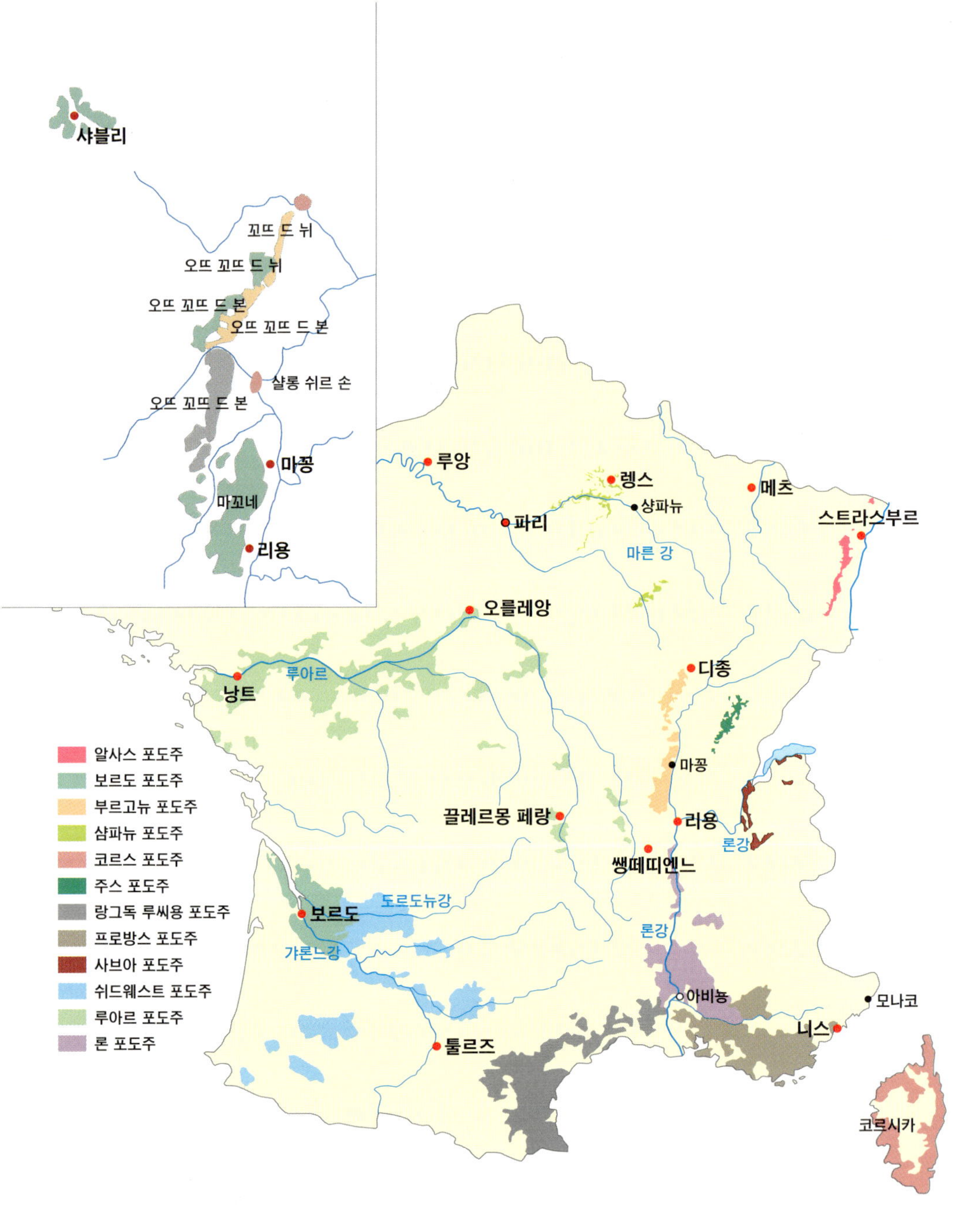
샤블리
꼬뜨 드 뉘
오뜨 꼬뜨 드 뉘
오뜨 꼬뜨 드 본
오뜨 꼬뜨 드 본
샬롱 쉬르 손
오뜨 꼬뜨 드 본
마꽁
마꼬네
리용
루앙
렝스
샹파뉴
메츠
파리
스트라스부르
마른 강
오를레앙
루아르
낭트
디종
마꽁
끌레르몽 페랑
리용
론강
쌩떼띠엔느
도르도뉴강
보르도
론강
갸론느강
아비뇽
모나코
니스
툴르즈
코르시카
알사스 포도주
보르도 포도주
부르고뉴 포도주
샴파뉴 포도주
코르스 포도주
주스 포도주
랑그독 루씨용 포도주
프로방스 포도주
사브아 포도주
쉬드웨스트 포도주
루아르 포도주
론 포도주

니다. 쭈글쭈글해져 볼품없는 포도는 막 담궈서 와인을 만들었지만 이제까지 경험하지 못한 와인을 접하게 됩니다. 농익은 열대 과일향, 뛰어난 산미, 농축된 풍미, 그리고 새콤달콤의 조화가 후식 와인의 새로운 역사를 만들게 됩니다. 실패는 성공의 어머니 였던가? 그 후부터는 일부러 수확시기를 늦춰서 와인을 만들고 있습니다. 독일의 '베렌아우스레제', 헝가리의 '토카이'가 이런 방식으로 만들어져서 후식 와인의 명품 반열에 올라 있습니다.

부르고뉴 와인

보르도와 함께 프랑스 와인을 대표하는 양대 산맥은 부르고뉴라고 하겠습니다. 프랑스 중동부에 위치한 이 지역은 영어로는 버건디(Burgundy), 독일어로는 부르군트(Burgund)라 불립니다.

레드와인은 피노 누아, 화이트와인은 샤르도네, 김장김치의 겉절이에 해당하는 보졸레 와인은 가메(Gamay) 품종으로 만들고 있습니다.

보르도가 주로 2~3종류의 포도 품종을 사용하는 반면, 부르고뉴는 거의 한 품종으로 와인을 생산합니다. 또한 샤또 중심의 큰 규모의 와이너리를 운영하는 보르도에 비해 부르고뉴는 소규모 가족 중심으로 운영하는 곳이 많습니다.

이는 나폴레옹 상속법에 의거해, 균등한 분할로 상속하기 때문에

로마네 꽁띠를 생산하는 황금의 언덕 '부르고뉴 꼬뜨 도르'

소규모 와이너리가 많이 생겨났기 때문이라고 말합니다. 이곳의 환경은 보르도처럼 대규모 샤또에서 직접 포도를 수확하고 와인을 생산하기에는 부적합하다고 할 수 있습니다.

부르고뉴에는 포도 재배자와 생산자가 따로 존재하는 경우가 많은 편입니다. 네고시앙(Negociant)이란, 부르고뉴에서 포도를 재배하는 농장과 와인의 생산자로 부터 벌크나 배럴 상태의 와인을 구입해서 자신의 양조방식으로 와인을 생산하는 사람을 말합니다.

유명한 네고시앙은 루이 자도(Louis Jadot), 조셉 드루엥(Joseph Drouhin), 루이 라뚜르(Louis Latour)등이 있습니다. 참고로 보르도에서 샤또, 또는 와이너리에 해당하는 용어를 부르고뉴에서는 도메인이라고 합니다.

화이트와인은 샤블리, 레드는 꼬뜨 드 뉘(Cotes de Nuit)와 꼬뜨 드 본(Cotes de Beaune), 보졸레(Beaujolais), 마꼬네(Maconnais) 등이 유명 산지입니다.

황금의 언덕에서 생산되는 로마네 꽁띠(Romanee Conti)

부르고뉴에 황금의 언덕(Cote d'Or)이라 불리는 와인 산지가 있습니다. 어느 가을날 해질녘에 이곳 포도밭을 바라보았는데 온통 황금빛깔의 풍경이 연출되어 이름이 지어졌다고 합니다.

로마네 꽁띠

우스갯소리로 이곳 포도밭 가격이 황금과 같은 가치가 있다고 해서 '황금의 언덕'이라는 얘기도 있다네요.

우선 꼬뜨 드 뉘의 본 로마네(Vosne Romanee) 마을에는 지구상에서 가장 비싸고, 진귀한 로마네 꽁띠가 와인마니아들의 성지처럼 자리 잡고 있습니다. 비록 축구장 두 개 정도의 조그마한 와이너리지만 와인이 아니라 예술품 취급을 받고 있는 진귀한 존재입니다.

우선 1년에 6000병 정도 소량이 생산 됩니다. 당시에는 라 로마네(La Romanee)로 불린 이 포도밭을 루이 15세 장조카인 꽁띠 왕자(1717-1776)가 구입을 하면서 로마네 꽁띠로 불리게 됩니다. 루이 15세의 애첩인 마담 퐁파두르(Modame Pompadour)는 이름난 와인 애호가입니다. 이 당시에도 유명한 라 로마네 포도밭 매입을 앞두고 꽁띠 왕자와 경쟁관계에 있었지만 결국 주변 포도밭 시세의 10배가 넘은 값을 지불한 꽁띠 왕자가 은밀히 구입에 성공을 하면서 오늘날까지 그 명성을 유지하며, 와인의 황제로 불리우고 있습니다.

2014년 나파시(Napa City) 방문 시 U$12,000(1병)에 판다는 광고를 본 적이 있습니다. 아마도 지금은 U$15,000 이상은 될 것 같습니다. DRC(Domaine De la Romanee Cont)에서 관리하는 와인 5종 12병을 세트로 판매를 합니다. 라타슈(La Tache)3병, 리쉬부르(Richebourg) 2병, 에쎄조(Ech'e zeaux)2병, 그랑에쎄조(Granmds) 2병, 로마네 생비방(Romanee stvivant) 2병.

2014년에 2010년 세트가 유명호텔에서 3,900만 원에 팔렸다고 기사화 되기도 했습니다. 지금은 얼마나 될까요? 상상에 맡깁니다. 곁들이 와인 같아 보이지만 이 각각의 와인 또한 수백만 원을 호가하는 최고의 와인들입니다. 유명 운동선수를 스카우트 하려면 실력이 부족한 선수를 끼워서 보내는 것과는 차이가 있네요.

북쪽 꼬뜨 드 뉘에는 나폴레옹 와인이라고 불리는 샹베르뗑 마을이 있습니다. 또한 세계에서 제일 유명한 화이트와인, 화이트와인의 진수라 불리는 샤사뉴 몽라셰(Chassagne Montrachet)와 퓔리니 몽라셰(Puligny Montrachet)가 생산되는 마을이기도 합니다.

이곳의 와인 등급은 부르고뉴라는 지역 이름보다 마을 이름이 더 상위이며, 그 위는 마을 이름과 밭 이름이 같이 있는 것입니다. 그리고 최고 등급은 밭 이름만 표기됩니다. 밭 이름은 양궁의 과녁처럼 한가운데 10점 만점에 해당되며 그랑크뤼 등급과 같은 수준인 셈입니다. 즉 제네릭(Generic)급, 그 다음은 빌라쥬(Village)급, 그 다음은 프레미어 크뤼 그리고 최고 등급은 그랑크뤼가 되는 것입니다.

부르고뉴는 많은 밭들이 자그마하게 나뉘어져 있어서 와인 공부를 하는 데 힘들기도 하지만 이름난 네 지역으로 나누어서 차근차근 접근하면 별것도 아닙니다.

테루아가 좋은 꼬뜨 드 뉘(Cote de Nuits)

부르고뉴에서 와인을 생산하는 데 가장 중요한 요소가 무엇이냐고 물으면 하나같이 '테루아'라고 대답합니다. 포도밭의 경사, 토양, 기후조건 등 포도나무 생육에 영향을 주는 모든 것을 테루아라고 합니다. '와인 바이블'의 저자인 캐빈 즈렐리가 어느날 부르고뉴를 방문했을 때 5일 동안 비가 내리고 6일째 비가 그쳤는데 포도밭 경사면 아래로 흘러내린 흙은 양동이에 퍼 담아서 다시 포도원에 뿌리는 것을 목격하고는 부르고뉴 사람들이 얼마나 토양을 중요하게 생각하는지 다시 한 번 깨닫는 계기가 되었다고 회고한 바 있습니다.

꼬뜨 드 뉘에는 부르고뉴에서 그랑크뤼 포도밭이 가장 많이 있습니다.

주브레 샹베르탱, 샹볼 뮈지니(Chambolle Musigny), 모레 생 드니(Morey St-Denis), 부조(Vougeot), 본 로마네(Vosne Romanee), 뉘 생 조르주(Nuits St. Georges), 플라지 에셰조(Flagey Echezeaux) 등의 마을에 무려 32개의 주옥같은 그랑크뤼 포도밭이 있습니다.

이곳의 와인 등급을 다시 정리해보면 이렇습니다.

부르고뉴 쥬브레 샹베르땡

1. 와인 생산국은? 프랑스
2. 와인의 생산지는? 부르고뉴
3. 생산 지방은? 꼬뜨도르
4. 어느 지역산인가? 꼬뜨 드 뉘
5. 어느 마을에서 생산했는가? 주브레 샹베르탱
6. 어느 밭에서 빚은 와인인가? 샹베르탱, 그리오뜨, 샤뺄, 마지 등 32개 그랑크뤼 밭 이름

여기서 32개 밭 이름을 다 알 필요는 없지만 최소한 마을 이름 정

도는 알아두면 부르고뉴 와인 등급을 이해하는데 많은 도움이 될 것입니다.

화이트와인도 생산하는 꼬뜨 드 본(Cote de Beaune)

꼬뜨 도르 지방의 남쪽에 있는 꼬뜨 드 본은 와인 생산량의 30% 정도를 화이트와인을 생산하고 있지만 훌륭한 레드와인 생산지이기도 합니다. 꼬뜨 드 뉘의 화이트와인 생산은 5% 정도입니다.

이곳의 가장 중요한 마을은 알록스 꼬르똥(Aloxe Corton), 본(Beaune), 포마르(Pommard), 볼네(Volnay) 등인데 그랑크뤼 포도원은 알록스 꼬르똥에만 있습니다. 꼬르똥, 꼬르똥 끌로 뒤 루아(Clos du Roi), 꼬르똥 브레상드(Bressandes), 꼬르똥 르나르드(Renardes), 꼬르똥 마레쇼드(Marechaude)입니다.

그런데 부르고뉴 와인은 왜 비쌀까요? 마을 이름만 레이블에 표시가 되어도 꽤 비쌉니다. 하물며 프레미어 크뤼와 그랑크뤼 정도면 상상을 초월하는 가격이 형성됩니다. 이는 수요와 공급의 불균형 때문이기도 하지만 와인마니아들은 늘 입버릇처럼 말합니다.

"나의 마지막 와인은 부르고뉴라고…"

나도 같은 생각입니다.

꼬뜨 드 본의 화이트와인을 생산하는 중요한 마을 세 곳은 퓔리니 몽라셰, 사샤뉴 몽라셰, 그리고 뫼르소(Meursault)입니다. 이 세 곳에서는 100% 샤르도네 포도품종으로 화이트와인을 만들고 있습니다.

『와인 한잔의 진실』을 쓴 일본작가 무라카미 류는 '어린 시절 나는 새하얗고 깨끗한 모래를 작은 손으로 퍼서 모래성을 쌓고 있었다. 이윽고 석양이 하늘과 바다를 덮었다. 나의 주변은 온통 황금색으로 물들어갔다. 그 색은 뭔가를 꼭 닮았다. 그것이 몽라셰의 빛이란 것을 한참 후에야 깨달았다'로 했습니다.

와인의 맛도 맛이지만 그 컬러를 이렇게 시적으로 표현했군요.

화이트와인 생산지 샤블리

샤블리는 부르고뉴 지방의 가장 북쪽에 있는 마을로 샤르도네 품종으로 화이트 와인만 생산합니다. 북위 48°에 걸쳐 있는 샤블리는 양조용 포도를 재배할 수 있는 가장 북쪽에 위치한 지역 중 하나입니다.

동일한 품종의 샤르도네 와인일지라도 따뜻한 지역과 이곳에서 생산되는 와인은 많은 차이가 있습니다. 서늘한 기후 탓에 이곳은 산도가 더 강하고 달지 않으며 순수하고 깨끗한 맛과 향이 특징입니다.

이런 특성이 있는 화이트와인을 생산하기 위해 대부분 스테인리스 스틸 탱크에 담아 발효와 숙성을 시킵니다. 이에 비해 오크통 발효와 숙성은 복잡성(Complexity), 깊이(Depth), 바디감(Body), 풍미(Flavor), 그리고 수명이 더 증대하거나 늘어납니다.

이곳의 와인 등급을 결정짓는 주요소는 역시 토양의 종류, 경사지의 방향과 각도입니다. 가장 평범한 등급이 쁘띠 샤블리(Petit Chablis)이며 그 다음은 샤블리급으로 일반적인 등급입니다. 샤블리급은 이 지역에서 재배된 포도로 만든 와인이며 빌라주 와인(Village Wine)이라고도 하며 샤블리를 와인명으로 표기합니다. 즉 샤블리는 마을 이름이자 와인명이기도 합니다. 그 위 등급은 샤블리 프레미어크뤼(Premier Cru)급이며 샤블리 프레미어 크뤼를 먼저 표기하고 포도원 이름을 그 다음에 표기합니다.

최상의 등급은 샤블리 그랑크뤼(Grand Cru)로 지역 내 최고의 토양과 경사지로 꼽히는 특정 포도원에서 만들며 포도밭 이름만 표기하는데, 일곱 곳이 그랑크뤼로 불리는 자격을 부여받았습니다. 샤블리 그랑크뤼로 표기하고 포도밭 이름을 적게 됩니다.

블랑쇼(Blanchots), 부그로(Bougros), 프뢰즈(Preuses), 발뮈르(Valmur), 그르누유(Grenouilles), 레 클로(Les clos), 보데지르(Vaudesir) 등 7곳이 그랑크뤼 등급입니다.

햇포도주의 대명사 보졸레 누보

부르고뉴 남쪽에 있는 보졸레는 론(Rhone)주에 속하지만 여기서 생산되는 보졸레 누보(Beaujolais Nouveau)는 부르고뉴 와인으로 분류됩니다. 1951년 11월 13일에 보졸레 누보(Beaujolais Nouveau) 축제가 처음 열린 이후 1982년부터는 이 지방의 생산자들이 매년 11월 셋째 주 목요일에 일제히 제품을 출시하는데, 이 독특한 마케팅은 세계의 이목을 집중시키는 연례행사가 되었습니다.

보졸레 누보는 그 해 9월에 수확한 포도로 2개월 남짓한 단기간에 발효와 숙성을 거친, 김치로 말하면 겉절이처럼, 장기 보관형이 아닌 단기간에 마셔야 하는 와인의 한 종류입니다.

물론 모든 보졸레 누보가 단기간에 마셔야 하는 건 아닙니다.

이곳에는 세 가지 등급이 있습니다. 보졸레 와인의 대부분이 속하는 보졸레급은 병입 후 6개월 안에 마셔야 합니다. 보졸레 빌라주급은 1~3년 안에, 최상급인 크뤼급은 10년 정도는 보관할 수 있습니다. 크뤼급은 열 곳인데, 생산 마을 이름이 와인명이 됩니다.

브루이(Brouilly), 쉐나(Chenas), 쉬루블(Chiroubles), 꼬뜨 드 브루이(Cote de Brouilly), 플뢰리(Fleurie), 줄리에나(Julienas), 모르공(Morgon), 물랭 아 방(Moulin-a-Vent), 레니에(Regnie), 생타무르(Saint-Amour), 이렇게 열 곳입니다.

보졸레 와인은 100% 가메 품종으로 만들며 스타일은 라이트하고 과일 풍미가 풍부합니다. 저렴한 가격에 부담 없이 햇포도주를 기다리는 와인마니아에게는 더할 나위 없는 축복이 아닐 수 없습니다.

부르고뉴 화이트와인 생산지 마꼬네, 꼬뜨 샬로네즈

부르고뉴의 화이트와인 생산지 중 가장 남쪽에 위치한 마꼬네는 꼬뜨 도르나 샤블리보다 기후가 따뜻한 편입니다. 샤르도네는 마꼬네 지역에서 가장 널리 사용되는 화이트와인 품종으로 샤르도네라는 마을 이름이 있을 정도입니다.

대체로 가볍고 단순하며 산뜻한 맛을 지니고 있습니다. 마꼬네에서 생산되는 와인을 기본 등급에서 최상품 순으로 열거하자면, 마꽁 블랑(Macon Blanc) 〈 마꽁 슈페리외(Superrieu) 〈 마꽁 빌라쥬(Villages) 〈 생 베랑(St-Veran) 〈 푸이 벵젤(Pouilly Vinzelles) 〈 푸이 퓌세(Pouilly-Fuisse)입니다.

푸이 퓌세가 마꼬네 와인 중 최상급이자 최고로 인기가 있는 와인입니다. 가끔 루아르 지역의 푸이 퓌메와 혼동하는 경우가 있는데 전혀 다릅니다. 푸이 퓌메는 소비뇽 블랑 100%로 만들지만 마꼬네의 푸이 퓌세는 샤르도네 품종으로 만듭니다. 완전히 다른 와인이지요.

꼬뜨 샬로네즈는 부르고뉴의 주요 와인 생산지인데도 가장 알려지지 않은 곳입니다. 그러나 이곳 와인을 고를 때 다음의 세 마을은 꼭 기억할 필요가 있습니다.

그곳은 지브리(Givry), 메르퀴레(Mercurey)와 륄리(Rully)로 훌륭한 레드와 화이트와인을 생산합니다.

그 외에도 사람들에게 잘 알려지지 않았지만 화이트와인 몽타뉘(Montagny)와 륄리(Rully)는 가성비가 뛰어납니다. 기억해 둘 만한 와인들이지요.

얼마 전 메르퀴레의 도멘 페블레(Faiveley)를 시음한 적이 있었는데 가격 대비 훌륭한 감동을 받았습니다.

꼬뜨 도르의 프레미어 크뤼급에 전혀 밀리지 않는 피노 누아의 정수를 맛본 경험이었습니다.

태양의 와인 산지 론 밸리

론 밸리는 프랑스어로는 꼬뜨 뒤 론(Cote Du Rhone)입니다. 꼬뜨는 언덕이란 뜻이고 론은 부르고뉴 남쪽 론강 양안에 분포되어 있는 와인 산지를 의미합니다.

론 밸리는 일조량이 많아서 태양의 와인으로 불리기도 하며 보르도 다음으로 넓은 와인 생산지입니다.

누군가 보르도 와인은 클래식하고, 부르고뉴 와인이 엘레건트하다면 론 와인은 자유분방하고 캐주얼한 느낌이라고 했는데, 딱 어울리는 표현입니다.

북부 론은 코뜨 로띠(Cote Rotie)와 에르미타주(Hermitage), 그리고 남부 론은 샤또 네프 뒤 파프(Chateau Neuf-du-Pape)'와 로제와인을 만드는 타벨(Taval)이 유명합니다.

남부에서는 레드와인을 주로 생산하지만 화이트, 로제와 스파클링 와인도 생산합니다. 이곳은 옛날부터 로마 사람들이 조성한 포도밭들입니다. 이탈리아와 가까운 탓에 이탈리아 와인의 특성과 비슷합니다. 이런 지리상의 특성으로 포도품종과 와인의 특성이 남과 북이 아주 다르게 나타나고 있습니다.

북부 론은 대륙성 기후에 가까워서 강렬하고 진한 시라 품종이 잘 자라지만 남부 론은 지중해성 기후로 인하여 더위에 강하고 감미로운 그르나슈(Grenache)와 무르베드르(Mourvedre), 그리고 쌩소(Cinsault)와 까리냥(Carignan) 등을 주로 생산하여 이를 여러 품종을 혼합한 레드와인을 만들고 있습니다.

대륙성기후의 시라 품종 산지 북부 론

북부 론(Northern Rhone)은 전통적으로 시라 포도품종의 산지입니다. 대륙성 기후를 닮았는지 시라 특유의 야성적이고 강렬한 풍미가 특징입니다. 또한 짙은 컬러와 함께 자두와 블랙베리향이 돋보이는 포도품종이기도 합니다.

이곳의 품질 등급은 꼬뜨 뒤 론이 60%를 치지하며 꼬뜨 뒤 론 빌라쥬는 8%, 그리고 최고 품질 등급인 꼬뜨 뒤 론 크뤼는 10%로 분포되어 있지만 공식적인 등급의 분류는 없습니다.

크뤼급 마을은 꼬드 로티(Cote Rotie/불타는 언덕), 에르미타주, 크로제 에르미타주(Crozes), 코로나스(Coronas), 생 조셉(St-Joseph), 생 페레이(St-Peray) 등이며 북부 론의 생산자 중 가장 유명한 포도원들입니다. 특히 꼬뜨 로티의 이 기갈(E. Guigal)이 100% 시라로 만든 라

물린느(La Mouline), 라 랑돈느(La Landonne), 라 튀르크(La Turque)는 '라라라 삼총사'로 불리면서 시라 와인의 우수성을 세계에 알리고 있습니다.

정말 대단한 와인입니다.

시라 한 품종으로 그것도 시라의 강인한 특성을 부드러우면서 우아하게 빚어냈습니다. 로버트 파커가 격찬할 만하네요. 코로나스 또한 동일한 포도와 같은 지역에서 생산되는 와인이지만 누가 이 와인을 시라로 만들었다고 단정할 수가 있을까요?

시라의 특성은 뒤로 숨겨져서 피니쉬로만 느낄 뿐 부드러움, 감미로움 때문에 세련된 여성을 연상케하여 퀸의 발라드 'Love of my Life'를 흥얼거리고 싶어집니다. 같은 지역 동일한 품종이 이런 마법을 만들고 있습니다.

열세 가지 포도의 하모니 남부 론 와인

남부 론(Southern Rhone)은 지중해성 기후입니다. 이곳은 그르나슈를 주종으로 13종류의 품종을 블렌딩해서 와인을 만들고 있습니다.

그 대표적인 생산지는 샤또 네프 뒤 파프(Chateau Neuf du Pape, 교황의 새로운 성)와 지공다스(Gigondas)가 유명합니다. 또한 우리에게 익숙한 로제와인 타블(Tavel)이 이곳에서 생산됩니다.

샤또 네프 뒤 파프는 14세기 최초의 프랑스인 교황 클레망 5세가 프랑스 왕 필립 4세에 의해 유배되어 지내던 아비뇽(Avignon)의 여름별장 궁전에서 따온 이름입니다.

아비뇽은 피카소의 '아비뇽의 처녀들'(여성의 신체를 심하게 왜곡해서 유명한 그림, 1907년 작)로도 우리에게 알려진 곳입니다.

그르나슈, 시라, 무르베르드, 쌩소 품종이 90% 이상을 차지하고 그 외 아홉 품종을 섞어서 독특한 와인을 만들고 있습니다. 무슨 잡탕을 만들려고 13품종의 포도를 사용했는지 의문이 생겼지만 각각의 포도 품종이 맡은 바 역할을 충실하게 수행하나 봅니다.

어떤 와인마니아는 13종류의 악기로 교향곡을 듣는 것 같은 조화로움을 느낀다고 표현했습니다.

남부 론 또한 공식적인 와인 등급 분류가 없습니다.

샴페인의 본산 샹파뉴

누구나 한번쯤은 샴페인으로 축배를 들어 보았을 것입니다. 무수히 많은 작은 기포들이 중력을 역행하면서 피어오르는 장면은 보기만 해도 가슴이 설렙니다.

샹파뉴(Champagne)의 영어식 표기가 샴페인입니다. 샹파뉴는 파리에서 북동쪽으로 1시간 30분 정도의 거리에 있는 샴페인 와인 산지입니다. 포도 재배가 가능한 최북단에 있는 지역입니다.

샴페인의 독특한 풍미는 이러한 지리적인 특징, 즉 기후로 인한 높은 산도의 포도 때문인 것 같습니다.

샴페인의 원료로 쓰이는 포도품종은 세 가지입니다. 그 품종과 혼합 비율은 피노 누아로 38% 정도, 피노 뫼니에가 35%, 나머지는 샤르도네로 27% 입니다.

샴페인을 크게 세 종류로 분류하면, 논 빈티지(Non-Vintage)와 멀티플 빈티지, 빈티지, 프레스티지 퀴베(Prestige Cuvee)입니다.

첫째, 논 빈티지와 멀티플 빈티지는 두 해 이상의 수확물로 블랜딩하되 베이스 와인의 60~80%는 그해의 빈티지로 해야 합니다.

둘째, 빈티지는 한해 수확한 포도 100%로 만든 와인입니다.

셋째, 프레스티지 퀴베는 한 해의 빈티지로 만들며 장기 숙성시켜야 합니다.

샹파뉴

이외에도 '최상급 마을의 최상급 포도로 만들어야 하며, 포도의 첫 압착즙으로 그 해의 빈티지로만 만들 것'과 같은 까다롭고 정성과 돈이 요구되는 조건들을 충족해야만 합니다. 당연히 수요와 공급의 불균형으로 엄청 고가의 샴페인이 탄생합니다.

빈티지는 매해 작황을 감안하여 샴페인 하우스가 자체적으로 확정하지만 명성과 신뢰가 걸려있으므로 신중히 고민하여 결정한답니다.

평균 10년에 세 번 정도 빈티지 샴페인이 생산되므로 약 80% 이상이 논 빈티지 샴페인입니다.

상파뉴는 크게 다음 네 구역으로 나눠집니다.

1. 마른 계곡(Valley of the Marne).
2. 랭스 산악지대(Mountain of Reims)
3. 꼬뜨 데 블랑(Cote des Blancs)
4. 꼬뜨 데 바(Cote des Bar)

"나는 지금 별들을 마시고 있다" 동 페리뇽

와인 제조 과정에서 필연적으로 발생하는 탄산가스(CO_2)는 대부분 공기 중으로 날아가 버리지만, 남아있는 탄산가스가 내부 기포를 증가시켜서 병이 터지거나 마개가 저절로 열리는 현상이 초기 와인 제조과정에서 흔히 나타나는 골칫거리였습니다. 그래서 악마의 와인이라 불렀습니다.

동 페리뇽(Dom Perignon/1638~1715)은 베네딕트수도회의 수도승이면서 이곳의 셀러 마스터신분으로 교회 와인을 관리하는 직분을 맡고 있었습니다. 어느 날 지하 셀러에 보관 중인 와인용기가 불필요한 탄산가스의 과도한 발생으로 인하여 터져버린 것을 발견하고 그 속의 와인을 한입 마셔 보게 됩니다.

"나는 지금 별들을 마시고 있다(I'm drinking stars)."

그는 깨져서 버려야 할 와인을 마셔본 후 이렇게 표현했습니다.

이런 계기로 그는 골칫거리 탄산가스를 병 안에 가두어서 샴페인이라는 새로운 장르의 와인을 만듭니다. 이제 병을 더 두껍게 만들고 코르크 마개에 철사를 둘러서 안전하고 튼튼한 상태의 병입 와인이 탄생하고 이로써 더 풍성한 와인 문화가 발전하게 된 것입니다.

모에 샹동(Moët & Chandon)은 역사가 깊은 샴페인 하우스입니

샴페인 동 페리뇽

다. 포도밭 밑으로 미로처럼 얽혀 있는 지하 저장고는 자그마치 28km 나 되는 규모를 자랑합니다.

이곳이 더 유명해진 것은 동 페리뇽의 이름으로 제품화된, 최고의 샴페인을 생산해내고 있기 때문입니다. 여기에 그의 업적을 스토리 마케팅에 활용함으로써 더 유명해지게 됩니다.

많은 영화에서 상류층 인사들이 모이는 자리에는 고급 샴페인이 등장합니다. 영화 007 시리즈 '골드핑거'에도 1953년 빈티지 동 페리뇽이 등장합니다. 제임스 본드역의 숀 코너리가 샴페인을 가지러 가면서 "그대여 정말 해서는 안 되는 일이 있으니 동 페리뇽 53을 화씨 32°(섭씨 0°) 보다 더 높은 온도에서 마시는 것도 그 중 하나요. 그것은 귀마개도 끼지 않고 비틀즈 음악을 듣는 것만큼이나 몹쓸 일일지니!" 라는 멋진 대사를 날립니다.

그만큼 섬세하고 우아한 샴페인은 적정 온도에서 마셔야 함을 강조한 것입니다. 샴페인을 마실 때 기포와 풍미를 제대로 느끼기 위해 차갑게 하는(Chilling) 이유가 여기에 있었네요.

샹파뉴에서 만든 스파클링 와인만 샴페인이다

샴페인은 프랑스 샹파뉴에서 만든 스파클링 와인에만 부여된, 법으로 보호를 받고 있는, 명칭입니다. 같은 종류의 스파클링 와인일지라도 이탈리아는 스푸만테(Spumante), 스페인은 카바(Cava), 그리고 독일은 젝트(Sekt)라고 부릅니다.

루이 로데레(Louis Roederer)

그만큼 샹파뉴의 자존심은 대단합니다. 샴페인을 처음으로 만들었으니까 그 콧대는 당연히 인정해줘야겠지요.

샴페인을 만드는 방법은 일명 '메쏘드 샹프누아즈'(Methode Champenoise)라고 합니다. 샹파뉴 방식이란 말이지요.

샹파뉴 방식 첫째, 9월 말~10월 초에 포도를 수확합니다.

둘째, 포도를 압착합니다(보통 두 번째 압착한 즙까지만 사용하는데, 이를 타이유(Taille)라고 합니다. 장기 숙성용인 프레스티지 퀴베는 첫 번째 압착즙만 사용합니다).

셋째, 발효시킵니다. 모든 샴페인은 1차 발효를 거치면서 와인으로 변합니다.

넷째, 리퀴르 드 티라주(Liqueur de Tirage). 즉 2차 발효를 위해 설탕과 효모를 섞어서 영구적으로 쓰일 병에 담아서 임시 마개로 막아 줍니다.

다섯째, 2차 발효합니다. (발효 중에 생기는 탄산가스는 병속에 그대로 담아둡니다.)

여섯째, 숙성시킵니다. 이때 찌꺼기와 함께 숙성시키며, 와인의 풍미를 결정짓는 중요한 시기입니다.

일곱째, 리들링(Riddling), 즉 찌꺼기를 처리합니다. A자 모양의 경사진 나무판 구멍에 숙성 중인 와인 병을 병목 쪽으로 하나씩 꽂아 놓습니다. 와인 병을 주기적으로 돌려서 불순물 찌꺼기가 병목으로 모이게 합니다.

여덟째, 데고르주망(Degorgement)은 찌꺼기 제거입니다. 병 입구를 차가운 소금물에 담가 얼린 다음 임시 병마개를 열면 얼어버린 찌꺼기가 탄산가스 압력에 의해 밖으로 밀려나오게 됩니다.

아홉 번째, 도자쥐(Dosage)는 줄어든 내용물에 사탕수수 설탕을 보충해주는 과정입니다. 이때 와인의 특성이 결정됩니다.

열 번째, 병을 진짜 코르크 마개로 재밀봉합니다.

탄산가스로 인하여 터져버리는 악마의 와인에서 그 탄산가스를 병 속에 가두어 샴페인을 만든 인간도 대단하지만 무궁무진한 와인의 변신도 무죄라는 생각이 듭니다.

샴페인하우스의 최고급 브랜드들

샴페인 메이커들은 레드와인 와이너리와는 다르게 '샴페인 하우스'로 불리길 원할 만큼 자긍심이 대단합니다.

브랜드별 최고급 샴페인인 프레스티지 샴페인은 오직 한 종류만 존재합니다.

앞서 언급한 모에 샹동은 동 페리뇽, 뵈브 클리코 퐁사르뎅(Veuve Clicquot Ponsardin)의 최고급 샴페인은 라 그랑 담(La Grande Dame)으로, 샴페인 제조에 일생을 바친 마담 퐁샤르뎅의 업적을 기린 샴페인입니다.

루이 로데레(Louis Roederer)는 러시아 황제를 위해 특별히 크리스탈(Cristal)을 만들면서 최초로 퀴베 스페시알(Cuvee Special)이란 이름을 썼습니다. 볼랭저는 라 그랑 안네(La Grande Annee)가 최고급 샴페인이며, 폴 로제(Pol Roger)는 영국 수상 윈스턴 처칠에게 헌정한 퀴베 써 윈스턴 처칠(Cuvee Sir Winston Churchill)이, 테탱저(Taitinger)는 꽁뜨 드 샹파뉴(Comtes de Champagne)가, 크뤼그(Krug)는 컬렉션(Collection)이 각각의 최고급 브랜드입니다.

빌 렘벡이란 과학자는 샴페인 한 병에 무려 4,900만 개의 기포가 있다고 증명했다는데, 기포가 더 작고 풍성할수록 좋은 샴페인으로 평가합니다. 입 안의 질감과 감촉을 만들어내는 것이 바로 기포이기 때문입니다.

위에서 열거한 브랜드들은 샴페인 시장에서 명품 반열에 올라 반짝이며 피어오르는 기포처럼 샴페인 애호가들의 가슴을 설레게 합니다.

참고로 라벨에 표기된 스파클링 와인의 당도는 대개 다음과 같습니다.

1. 브뤼 나뛰르(Brut Nature): 도자쥐 과정에서 설탕을 전혀 첨가하지 않은 것으로 산미가 강함.

2. 엑스트라 브뤼(Extra Brut): 당도가 0~0.6으로 드라이한 와인.

3. 브뤼(Brut): 식사에 곁들여도 좋을 만큼 적당히 드라이한 와인.

4. 엑스트라 드라이(Extra Dry): 엑스트라 섹(Sec)이라고도 하며 당도는 1.2~2.0 정도.

5. 섹(Sec): 당도 1.7~3.5의 스위트 와인.

6. 드미 섹Demi Sec): 당도 3.5~5.0으로 섹과 드미 섹은 달콤한 와인으로 주로 후식와인으로 사용.

또한 블랑 드 블랑(Blanc de Blancs)은 영어로 White of Whites란 뜻으로 백포도 샤르도네 100%로 만들었다는 표시이며, 블랑 드 누아(Blanc de Noirs)는 White of Blacks, 즉 적포도 품종인 피노 누아와 피노 뫼니에로 만들었다는 의미입니다.

이탈리아

나라 전체가 거대한 포도원

이탈리아는 생산량으로 프랑스와 어깨를 나란히 하는 세계 최대 와인 생산국입니다. 이탈리아에서 와인업에 종사하는 사람들은 "이탈리아는 전원이 따로 없이 북쪽에서 남쪽까지 하나의 거대한 포도원"이라고 말합니다.

이탈리아는 2,000종 이상의 자생 품종과 2,000종 이상의 라벨이 있으며 20개의 지역(Region), 96개의 고장(Province)에서 재배, 생산되고 있어서, 이탈리아 와인의 특징을 한마디로 말하면 '다양성'이라고 할 수 있습니다.

그중에서도 이탈리아 북서부 알프스 산자락에 위치한 피에몬테, 북동부 아드리아해의 베네토(Veneto), 그리고 중부 로마 가까이 지중해를 끼고 있는 토스카나 등 세 곳이 핵심 생산지입니다.

이탈리아에서는 프랑스 AOC에 상응하는 DOC(Denominazione di Origine Controllata)법이 있습니다. '와인 생산자와 라벨 표기법의 규정'으로 해석되는 DOC는 1963년에 제정되었습니다. 1980년 이래 이탈리아 농무부는 DOC에 G(Garantita, 개런티)를 추가한 DOCG를 제정하여 DOC보다 한 단계 더 나아간 품질통제를 실시합니다. 이

는 시음위원회에서 신뢰성을 전적으로 보장한다는 것을 의미합니다.

또 하나의 등급인 IGT(Indicazione Geografica Tipica)는 DOC 자격조건에는 못 미치지만 테이블 와인보다는 높은 등급입니다.

이탈리아에서는 프랑스의 보르도나 부르고뉴처럼 포도원에 등급을 부여하지 않습니다. 그랑크뤼나 프레미어 크뤼도 없습니다. 포도품종과 마을명, 그리고 상품명으로 다양하게 와인 이름을 정하고 있습니다.

밭과 마을 이름을 주로 쓰는 프랑스와 포도품종을 표기하는 미국과는 좀 차이가 있습니다.

와인 산지이며 브랜드인 키안티

토스카나의 키안티는 와인 산지인 동시에 생산되는 와인 이름이기도 합니다. 키안티는 가장 이탈리아다운 와인 산지입니다. 포도나무로 덮인 초록 언덕과 올리브나무, 점점히 펼쳐진 농가의 목가적 풍경. 또 키안티는 토착 품종인 산지오베제로 만든 이탈리아 정통 와인이기도 합니다.

이곳의 등급은 가장 기본이 키안티이며 그 다음은 키안티 클라시코, 최고 등급은 키안티 클라시코 레제르바로 나뉩니다. 검은 수탉은 키안티 클라시코 등급 이상 라벨에만 붙일 수 있도록 1924년부터 키안티 조합에서 정했습니다.

등급은 숙성 기간과 방법, 사용된 포도밭의 특성에 따라 결정됩니다. 안티노리(Antinori), 폰토디(Fontodi), 카스텔로 반피(Castello Banfi), 프레스코발디(Frescobaldi), 리카솔리(Ricasoli), 루피노(Ruffino), 브롤리오(Brolio) 등이 명성 있는 생산자들입니다.

13세기에 피렌체와 시에나(Siena)는 키안티를 사이에 두고 서로 군사적 대립 관계에 있었습니다. 전쟁으로 지친 두 도시는 평화를 찾을 방안을 모색하였는바, 즉 첫닭이 울 때 기사들이 각자의 영지에서 출발하여 만나는 지점을 경계 삼아 영토를 정하기로 합의했답니다. 이에 피렌체는 닭에게 모이를 주지 않고 며칠을 굶깁니다. 배가 고픈 닭이 먼저 울었습니다. 이 묘안으로 키안티는 피렌체 차지가 되었고 검은 수탉 문양이 키안티 고급 와인의 상징이 되었습니다.

전에는 짚으로 감싼 피아스코(Fiasco)라 불리는 특색 있는 용기에 담아서 판매했는데 이제는 기념품점에서나 볼 수 있는 희귀품이 되었습니다. 비용과 위생을 고려해서 일반적인 병입으로 판매하고 있다는데, 피아스코 병입 와인은 이제 아련한 추억이 되었습니다.

키안티 폰토디

슈퍼 투스칸의 신화창조 볼게리

토스카나의 지중해 해안에 볼게리(Bolgheri)라는 와인 산지가 있습니다. 이 곳은 온화한 해양성

수퍼 투스칸 사시까이야

오르넬라이아

기후로 이탈리아 토착 품종인 산지오베제보다 프랑스 보르도의 주 품종인 까베르네 소비뇽, 까베르느 프랑, 메를로가 잘 자라는 편입니다.

슈퍼 투스칸은 이탈리아의 와인 규정(DOC)에 명시된 산지오베제를 쓰지 않고 외래 품종인 까베르네 소비뇽과 까베르네 프랑 등으로 생산한 것으로 그 품질과 명성이 세계적인 이탈리아 컬트와인을 말합니다.

물론 DOC 등급에도 들지 못했지만 생산자들의 노력으로 그 이상의 품질을 이루어서 슈퍼 투스칸이란 새로운 등급을 창조해낸 것입니다.

그 선두에 테누타 산 귀도(Tenuta San Guido, 산 귀도 와이너리)

의 사시까이아(Sassicaia)가 있습니다. 신분 사회에서 서자의 설움을 이겨내고 당당하게 실력으로 가문을 이어가는 입지전적 인물과 같다고 하겠습니다.

1978년 영국 런던에서 열린 보르도 크뤼클라세(Cru Classe di Bordeaux) 블라인드 테이스팅에서 쟁쟁한 보르도와인을 제치고 우승했으며 이탈리아 와인으로서는 처음으로 1985년 로버트 파커로부터 100점 만점을 받으며 '슈퍼 투스칸' 전설을 탄생시켰습니다.

그때까지만 해도 볼게리는 크게 각광 받지 못했지만 슈퍼 투스칸의 신화가 시작되면 쟁쟁한 와이너리들이 속속 생겨납니다.

오르넬라이아(Ornellaia), 티냐넬로(Tignanello), 솔라이아(Solaia), 수무스(Summus), 카브레오 일 보르고(Cabreo il Borgo) 등.

짙은 점도, 잔을 타고 내려오면서 풍기는 향, 부케에서 나오는 다양한 종류의 꽃향기, 안정된 바디감, 벨벳처럼 부드러운 촉감, 어느 하나 흠잡을 수 없는 것이 볼게리의 슈퍼 투스칸입니다.

가격이 좀 비싸서 쉽게 접근하기가 어려운 것이 흠이라면 흠입니다.

청출어람 브루넬로 디 몬탈치노

브루넬로 디 몬탈치노는 토스카나 지역의 유서 깊은 고도 시에나(Siena) 남쪽 해발 500m에 위치한 작은 마을 몬탈치노에서 브루넬로 포도품종으로 만든 와인이란 뜻입니다. 줄여서 BDM이라 부릅니다.

'제우스의 피'라 불리는 산지오베제는 이탈리아 대표 포도품종으

BDM 바르비

로 이탈리아 전역에서 잘 자랍니다. 그러나 다양한 토양과 미세한 기후에 민감하게 적응하면서 수많은 변종을 만들어내는데 몬탈치노 마을에서는 브루넬로로 바뀌었습니다. 브루넬로는 산지오베제에 비해 포도 알이 작으며 수분 함량이 적은 편이라 당도가 높습니다. 이 품종 100%로 만든 와인이 BDM입니다.

가장 이탈리아다운 와인을 생산하는 키안티와 몬탈치노는 같은 지역에서 같은 품종인 산지오베제로 와인을 만들지만 이곳 BDM이 더 세련된 향과 맛을 지닌 것 같습니다.

특히 쉼 없이 뿜어지는 제비꽃과 체리향에 취해 와인 마시기를 잠시 잊어버릴 뻔한 경험이 있습니다.

작황이 좋지 않는 해에는 BDM이라고 하지 않고 로쏘 디 몬탈치노(Rosso Di Montalcino)란 이름으로 출시할 만큼 BDM의 품질관리는 까다롭고 엄격하게 이뤄집니다.

150곳이 넘는 생산자 중에 비욘디 산티(Biondi Santi), 프레스코발디, 체르바이올라(Cerbaiola), 솔데라(Soldera), 가야(Gaja), 알테시노

(Altesino), 카스텔로 반피(Castello Banfi) 등이 유명하지만 개인적으로는 바르비(Barbi)를 제일 좋아합니다.

BDM의 역사를 일으킨 비욘디 산티

몬탈치노 마을의 와인 BDM의 역사는 비욘디 산티 와이너리에서 시작됐습니다. 1888년에 브루넬로 품종으로 담근 와인이 그 시초입니다. 현재 이 와이너리에 두 병이 보관돼 있답니다. 130년이 지났는데 식초가 되어버린 건 아닌지? 아무튼 세계 최고가 와인 중 하나가 되었습니다.

BDM 비욘디 산티

참고로 고가 와인 중에는 프랑스 샤또 라피트의 1787년과 무똥 로쉴드의 1945년산이 있습니다. 가격이 형성되지 않을 정도로 비싼 와인들입니다.

당시 몬탈치노는 여러 와이너리가 생겨나기 시작했지만 대부분은 열악한 환경으로 인하여 저급한 와인을 생산해서 생계를 유지하는 수준이었습니다.

이런 환경에서 비욘디 산티 가

문은 연구 개발을 지속하여 이 지역에 적합한 포도품종인 브루넬로를 무상으로 지역 주민들에게 공급하고 양조기술을 전수하는 등 몬탈치노 와인산업의 선구자 역할을 하게 됩니다. 또한 양조방식의 개선과 과감한 투자, 경작면적의 고정화로 품질을 향상시키는 한편 브루넬로 디 몬탈치노 콘소르초(조합)를 결성해 모든 와인 관계자가 예외 없이 회원으로 가입토록 했습니다.

이 단합된 조합의 힘을 통해 BDM을 이탈리아 대표 와인으로, 나아가서 세계적으로 인정받는 와인으로 자리매김하였습니다.

비욘디 산티는 모조품이나 위조품을 방지하기 위하여 생산된 모든 병에 일련번호를 새겨서 인터넷에 올려 일반 소비자들이 의심쩍은 제품을 조회해볼 수 있게 하고 있습니다.

토스카나 솔데라

BDM을 키운 지안프랑코 솔데라

비욘디 산티의 고군분투가 BDM을 탄생시켜 정립했다면 지안프랑코 솔데라(Gianfranco Soldera)는 BDM을 훌륭하고 당당하게 키웠다고 해야 합니다.

밀라노에서 보험중개업을 하던 지안프랑코 솔데라는 어느 날 문득 자기 이름의 와인을 만들고 싶어집니다. 1972년 몬탈치노에 카제 바세(Case Basse)라는 와이너리를 설립하여 모든 열정을 이곳에 쏟아

부으며 남은 인생을 여기에 걸었습니다.

전체 면적은 25ha이지만 포도경작 면적은 9ha, 나머지는 온통 자연 상태로 남겨두었습니다. 포도밭은 개울과 숲으로 둘러싸여져 자연친화적인 환경이 조성된 것입니다. 포도밭 여기저기에 새집을 만들어 새들이 해충을 잡아먹게 했으며 퇴비도 직접 만들어 사용하는 유기농을 택했고, 장기 숙성한 고품질 와인 생산에만 몰두했습니다.

좋은 와인을 만들기 위해서라면 타협을 모르는 괴짜로 알려지면서 주변에 많은 적들이 생겨나기도 합니다.

급기야 브루넬로 디 몬탈치노 조합과의 불화로 이 단체에서도 탈퇴합니다. 그는 BDM 대신 Sodera 100% Sangiovese라는 레이블로 출시하고 있지만 전문가들은 "까제바세 솔데라를 마셔보지 않고는 감히 브루넬로 디 몬탈치노를 논하지 말라"고 단언합니다.

『라이벌 와인』의 저자 조정용 씨는 이곳 와인가게에서도 솔데라를 구입하지 못했다고 합니다. 솔데라의 못 말리는 고집이 결국에는 희귀 명품 와인을 탄생시켰네요.

산기슭 안개를 머금은 피에몬테

프랑스에 보르도와 부르고뉴가 있다면 이탈리아는 토스카나와 피에몬테가 있습니다. 모두 두 나라를 대표하는 세계적인 와인 산지입니다. 각지의 개성이 뚜렷하게 다른 것도 비슷합니다.

이탈리아 북서부 알프스 산기슭에 위치한 피에몬테는 가을에 방문해야 하는 세 가지 이유가 있다고들 합니다. 먼저 포도 수확의 풍성함, 음식, 그리고 흰 송로버섯이 미식가들과 관광객을 유혹하기 때문입니다.

이곳에서 재배되는 주 품종은 돌체토(Dolcetto), 바르베라(Barbera) 그리고 네비올로인데 전체 와인의 50% 가량을 바르베라로 만들지만 장기 숙성형 풀 바디와인은 네비올로로 만듭니다.

풀 바디와인으로 유명한 생산지 마을이 바롤로와 바르바레스코입니다. 이곳의 거의 모든 포도밭은 브리코(Bricco, 경사진 언덕에 위치한 포도밭) 상태입니다. 레드와인 65%, 스푸만테 18%, 화이트와인은 17%를 생산합니다. 피에몬테주 수도인 토리노(Torino)에서 멀지 않은 곳에 있는 바르바레스코와 바롤로는 마을 이름이자 와인명이기도 합니다. 이란성 쌍둥이처럼 서로 닮은 듯하면서 다른 특징을 가지고 있는데, 이 둘의 라이벌 관계가 피에몬테 와인산업에 유익한 자극을 주고 있습니다.

피에몬테 와인을 처음 접하게 된다면 좀 가벼운 스타일의 돌체토나 바르베라로 시작해서 풀 바디의 바르바레스코로 높여 가다가 보면 나중에는 바롤로의 진가를 제대로 알 수 있다고들 합니다.

와인 양조업자 레나토 라티는 "피에몬테 와인의 종착지는 바롤로"라고 말했습니다.

장기숙성이 가능한 고급 와인 바롤로

바롤로는 여의도 면적의 1.4배 약 360만 평(약 1,190ha)에 크게 세라룽가 밸리(Serralunga Valley)와 센트럴 밸리(Central Valley) 두 지역으로 나뉘며 11개 마을로 구성돼 있는 와인 산지입니다. 비록 좁은 두 지역이지만 토양의 차이로 인하여 마을마다 스타일과 개성이 다른 바롤로 와인을 만들고 있습니다. 100% 네비올로 품종으로 와인을 만들고 있으며, 이탈리아 와인의 왕이라고도 불립니다.

전 세계적으로 이름 높은 장기 숙성이 가능한 고급와인 중 하나입니다.

바롤로 이름을 쓰는 마을 중 다섯 곳만 소개합니다.

1. 라 모라(La Morra): 가볍고 섬세하며 풍부한 향을 지니며 부르고뉴 피노 누아와 비슷함.
2. 바롤로: 산뜻한 느낌에 섬세함이 있음. 역시 피노 누아와 비슷함.
3. 몬포르테 달바(Monforte d'Alba): 맛과 향이 풍부함.
4. 세라룽가 달바(Serralunga d'Alba): 농축미와 강한 타닌이 느껴짐.
5. 카스틸리오네 팔레토(Castiglione Falletto): 위 네 가지 스타일을 적절히 섞어 놓은 중립적인 풍미.

바롤로 와인도 종류가 많습니다. '여러 마을의 포도', '한마을의 포도', '단일 포도밭의 포도' 여기에 더해 '단일포도밭 중에도 크뤼급 포도의 사용 여부'에 따라 품질과 가격의 차이가 날 수밖에 없습니다.

우리가 바롤로를 구입할 때 위의 다섯 마을 이름이 적힌 와인이라면 제대로 된 바롤로를 선택한 것입니다.

『와인의 정석』을 저술한 지인 고창범 선생은 와인을 소리에 비교해 바르바레스코는 콘트라바스의 중저음을 닮았고 바롤로의 산미와 타닌은 드럼의 명료한 울림을 담고 있다고 했습니다.

와인은 분명히 자기만의 소리가 있습니다. 우리는 또한 와인의 소리도 즐기는 것입니다.

콘트라바스의 중저음과 닮은 바르바레스코

바롤로와 이웃한 바르바레스코는 바롤로에 비해서 규모가 적은 편입니다. 여의도 면적 정도이지만 네 마을이 유명하며 바롤로에서처럼 모두 바르바레스코란 이름으로 와인을 생산하고 있습니다.

바르바레스코, 네이베(Neive), 트레이소(Treiso), 알바(Alba), 이 네 곳이 바르바레스코 와인의 대표주자라 할 수 있습니다.

바르바레스코 와인은 세 가지 품질로 나뉩니다. 예를 들어 피오체사레(Pio Cesare) 와이너리 경우 같은 네비올로 품종으로 만들지만 품질이 다소 떨어지는 포도로 만들 경우 랑게 네비올로(Langhe Nebbiolo)로 레이블에 표기합니다. 일종의 세컨드 와인이라 생각하면 됩니다.

그 다음 등급은 이 지역 포도밭 중에서 크뤼급 포도밭과 일반 포도밭 포도를 혼합해서 만들어 지명 이름 바르바레스코만 표기합니다.

최고 등급은 트레이소에 있는 밭 이름 일 브리코(Il Bricco)를 바르바레스코와 함께 표기해 와인의 이력을 확실하게 밝히고 있습니다.

즉 랑게 네비올로는 엔트리급이며 바르바레스코는 중간급, 그리고 크뤼급 포도밭 이름이 들어간 와인은 최상급으로 보시면 됩니다.

이외 1958년에 결성된 이 지역 생산자들 중 뜻을 같이 하는 사람들이 모여 바르바레스코 생산자 조합을 결성하여 푸로두토리 델 바르바레스코(Produttori del Barbaresco)라는 문구를 레이블에 표기하여 출시하고 있습니다. 조합에 소속된 크뤼급 포도밭은 모두 9개입니다.

포도품종 중 타닌이 많이 포함된 품종은 네비올로, 카베르네 소비뇽, 시라 순이지만 이곳에서는 네비올로 100%로 만들어져서 장기 숙성이 가능하며 딸기, 자두, 말린 장미향이 특징입니다.

베네치아와 로미오와 줄리엣 그리고 와인 산지 베네토

이탈리아 북동부에 위치한 베네토(Veneto)주는 물의 도시 베네치아와, 비극적 사랑 이야기 '로미오와 줄리엣'의 무대인 베로나(Verona)의 원형극장(아레나)에서 한여름 밤에 열리는 오페라 축제, 그리고 이탈리아 3대 와인 산지 중 한 곳으로 유명합니다.

매년 봄에 열리는 와인과 음식의 축제 비니탈리(Vinitaly)는 세계인이 즐기는 문화가 되었습니다. 청정한 바다, 산, 호수로부터 생산되는 싱싱하고 풍부한 식재료를 바탕으로 자랑스런 음식문화가 발전되었고 이와 더불어 자연스럽게 와인 산업도 융성하게 되었습니다.

발폴리첼라 아마로네

베네토주 전체에는 7만ha의 포도밭에서 약 800만hl(1헥토리터는 1ℓ의 100배)의 와인을 생산하여 이탈리아 와인 생산량의 1위를 차지하고 있습니다.

베네토주는 크게 두 군데의 와인 산지가 있습니다. 그 중 하나는 코르비나(Corvina) 포도품종으로 만드는 아마로네(Amarone)로 유명한 발폴리첼라(Valpolicella) 지역이며 또 다른 하나는 이탈리아 슈퍼마켓에서도 쉽게 구입할 수 있는 대중적인 화이트와인을 생산하는 소아베(Soave) 지역입니다.

베네토의 명품 레드와인 산지 발폴리첼라

베네토의 명품 레드와인 산지는 발폴리첼라 지역입니다. 베로나 북쪽

알프스산맥의 산등성이에 위치한 이곳은 크게 클라시코(Classico), 발판테나(Valpantena), 그리고 에스트(Est) 세 지역으로 나뉩니다.

특히 클라시코 지역이 훌륭한 레드와인을 만들고 있습니다. 알코올 도수가 낮은 데일리 테이블와인 클라시코, 1년 더 숙성해 알코올 도수가 더 높은 슈페리오네(Superione), 그리고 이 곳의 최상의 명품인 아마로네가 있습니다. 모두 코르비나란 품종으로 만들어집니다.

일반적으로 늦게 수확하는 포도는 당도가 높습니다. 거기에다 건조실에서 수분이 없어지면서 당도는 더 높아지게 됩니다. 이런 포도를 선별해서 만드는 와인이 바로 발폴리첼라 아마로네입니다.

포도의 당분이 많으면 주로 후식용 스위트 와인이 만들어지지만 당분을 모두 발효시키면 알코올 도수가 높아지고 드라이한 와인이 됩니다. 공들여서 만든 와인인 만큼 알코올 도수도 높지만 폭발하듯 터져 나오는 과일 향과 풍미에 누구나 압도당합니다.

발폴리첼라 아마로네를 만들고 남은 찌꺼기로 한 번 더 만드는 와인이 리파소(Ripasso) 아마로네입니다. 한약으로 말하자면 재탕하는 것과 같다고 하겠습니다.

동일한 포도로 중간에 발효를 멈춰서 스위트하게 만든 와인을 레치오토(Recioto)라고 하는데 새콤달콤하여 디저트와 함께 즐기는 와인입니다.

유명한 와이너리로는 토마시(Tommasi), 알레그리니(Allegrini), 그리고 메네골리(Menegolli) 등이 있습니다.

줄리엣의 입술 같이 부드러운 소아베

이탈리아의 시인 단테(1265~1321)는 이곳 와인을 마셔보고 '소아베(Soave, 부드러운)'라고 칭송하여 이 마을 이름이 소아베가 되었다고 합니다.

음악에서 소아베는 부드럽고 상냥하게 연주하라는 뜻이기도 합니다. 누군가의 책에서 "이 부드러운 와인의 느낌은 풋풋하고 앳된 줄리엣의 입술 같은 감촉이 아닐까?"라고 표현했던 기억이 나네요.

소아베는 베로나 근처에 있는 화이트와인의 생산지입니다. 해산물과 환상적으로 어울린다는 이곳 와인은 이 마을에서 널리 재배되는 가르가네가(Garganega)라는 청포도 품종으로 만듭니다.

이탈리아 피에몬테 지방의 포도원

7,000ha에 이르는 포도 경작지 면적은 유럽에서 가장 넓은 화이트 와인 생산지로, 프랑스의 샤블리보다 15%나 더 크다고 합니다.

화이트와인의 드라이하고 상큼한 특징이 살아있는 소아베 와인은 복숭아, 멜론, 오렌지 껍질, 그리고 허브향이 어우러지며 발산하는데 가성비도 뛰어납니다.

와인의 품질은 소아베, 소아베 클라시코, 소아베 슈페리오레(Superiore) 클라시코 순으로 좋아집니다. 유명 와이너리는 지니(Gini) 소아베, 이나마(Inama) 소아베, 그리고 피에로판(Pieropan) 소아베 등이 있습니다. 소아베는 이탈리아 샴페인인 스푸만테 소아베도 생산하는데, 녹색이 연하게 퍼지면서 노란빛을 띱니다. 감미롭고 신선하며 유쾌한 맛과 향이 참 괜찮은 스파클링 와인입니다.

스페인

프랑스, 이탈리아와 함께 구세계 와인의 대표 스페인

스페인은 이탈리아, 프랑스와 함께 구세계 와인을 대표합니다. 유럽에서 가장 넓은 포도밭이 있지만 와인 생산량은 세계 3위입니다. 토양이 건조하여 포도나무 간격이 다른 나라에 비해 넓기 때문입니다.

프랑스 와인은 명품성, 이탈리아 와인은 다양성, 독일 와인은 전문성으로 특징지을 수 있습니다. 이에 반해 스페인 와인은 딱히 내세울 만한 특색이 없고 발전도 뒤처져 있었습니다.

와인 양조의 역사를 봐도 프랑스에 뒤질 이유가 전혀 없지만 고급화 브랜드화에 있어서는 상당히 쳐져 있었다 하겠습니다.

1950년대 후반 들어서는 분위기가 달라져 스페인을 대표하는 와인 산지 리오하(Rioja)에서부터 품질 향상을 위한 적극적 노력이 이루어졌고 1970년에는 정부 주도의 원산지 호칭법(DO)이 제정되었습니다. 특히 1986년 EU 가입 후 외국 자본의 유입과 1992년 바르셀로나 올림픽을 계기로 스페인다운 와인이 자리 잡기 시작했습니다.

19세기 후반 유럽 포도밭을 황폐화시킨 필록세라 전염병이 창궐할 때 스페인은 안전한 지대였습니다. 이때 프랑스의 와인 전문가들이 대

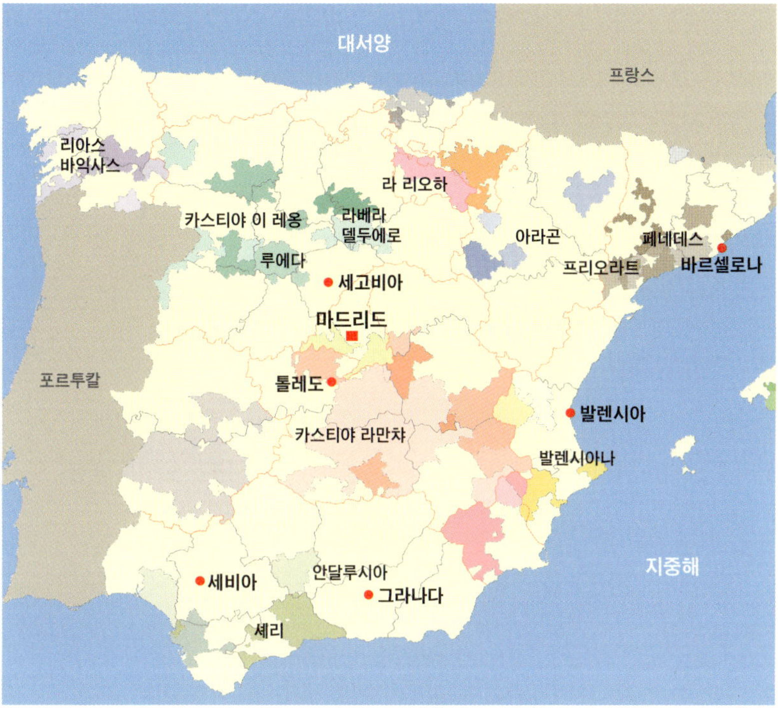

거 스페인으로 이동, 리오하에 정착하면서 이 지역 와인 산업 발전에 많은 영향을 끼치게 됩니다.

포도품종은 토착품종인 템프라니요, 가르나차(Garnacha), 모나스트렐(Monastrell) 등이 있습니다.

스페인의 와인등급 DO, DOC

1970년 스페인 최초로 DO(Denominacion de Origen)가 제정된 이

래 수차례 개정을 거듭하여 현재는 71개 DO 지역과 3개의 DOC 지역이 있습니다.

DO법은 프랑스의 AOC의 영향을 받아 만들어졌기에 그 내용이 거의 동일합니다. 포도품종과 양조방식, 지역(포도밭)의 경계 등 와인 제조과정의 이력을 통제·관리하고 있는 제도입니다. 특히 와인 숙성에 대한 규제는 엄격합니다. 스페인은 와인 숙성 기간을 품질의 기준으로 삼아 다음과 같이 등급을 매기고 있습니다.

- **크리안차(Crianza)급:** 2년 숙성 후 출시되며 최소 1년은 오크통 숙성.
- **레세르바(Reserva)급:** 3년 숙성과 오크통 숙성 1년.
- **그란 레세르바(Grand Reserva)급:** 5~7년 숙성에 최소 2년간 오크통 숙성.

DOC는 스페인 와인품질 등급 중 최상급에 해당하며 현재 이 등급을 받은 지역은 '스페인의 보르도'라 불리는 리오하, 프리오라트(Priorat), 리베라 델 두에로(Ribera del Duero) 세 곳입니다.

스페인도 이탈리아와 마찬가지로 600여 종에 이르는 다양한 토착품종이 있습니다. 이 품종들이 잘 개발되고 조화롭게 어우러진다면 무한한 발전이 예상되는 스페인 와인입니다.

'스페인의 보르도' 리오하

리오하는 스페인 북부지방의 프랑스 국경 근처에 있는 와인 산지입니다. 프랑스 보르도까지는 약 322km로 국경으로 막혀 있다고는 하지만 그리 멀지 않은 탓에 보르도의 영향을 많이 받고 있습니다.

스페인의 다른 지역에서도 다양하고 흥미로운 와인들이 쏟아져 나오고 있지만 리오하는 여전히 최고의 레드와인 생산지로서 위상을 유지하고 있습니다.

와인 라벨에 포도품종을 따로 표기하지는 않지만 거의가 토착품종인 템프라니요를 사용합니다. 템프라니요는 빠르다는 뜻으로 선명한 바이올렛 색에 딸기, 자두 등 잘 익은 붉은 과일의 아로마를 지녔고 산도가 비교적 낮으며 드라이합니다.

이름난 메이커 이름을 알고 있으면 더 좋겠지만 DO 세 등급이 라벨에 선명하게 표시되므로 이해하기 쉽습니다.

스페인에서는 와이너리를 보데가(Bodega)라고 하는데 리오하에 스페인 3대 보데가 중 하나인 알바로 팔라시오(Alvaro Palacios)가 세계의 명품와인 반열에 이름을 올리고 있습니다.

리오하는 리오하 알라베사(Alavesa), 리오하 알타(Alta), 리오하 바하(Baja) 세 구역으로 나뉘며 각 구역마다 동일 품종을 사용하지만 맛과 향의 차이가 뚜렷이 나타납니다. 바로 이런 차이가 와인에 빠지게 하는 요인 중 하나가 아닐까요?

스페인 컬트와인의 탄생지 리베라 델 두에로

리베라 델 두에로는 수도 마드리드에서 북쪽으로 약 130km 지점, 리오하 남서쪽에 있습니다. 리오하와 더불어 스페인 와인의 양대 산맥을 이루며 현대 스페인 와인의 기적이라 불리는 곳이기도 합니다.

두에로 강을 끼고 높은 지대에 있는 이곳은 낮과 밤의 일교차가 심하여 껍질이 두꺼운 포도가 생산됩니다. 이것은 농익은 과일의 풍미를 가진 훌륭한 와인을 만드는 재료가 됩니다.

이곳은 명품 와인 우니코(Unico)를 생산하는 베가 시실리아(Vega Sicilia)라는 와이너리가 있었지만 1980년대 초반까지도 스페인 내에서는 무명이었습니다.

이곳에 스페인 와인의 전설인 알레한드로 페르난데스(Alejandro Feranadez)가 페스케라(Pesquera)라는 우리나라에서도 낯이 익은 와이너리를 설립하면서부터 활기를 띄기 시작합니다.

이제 이곳은 실험적이고 도전적인 젊은 와인 생산자들이 경쟁적으로 개성 있는 와인을 만드는 경연장이 되었습니다. 여기서 생겨난 가장 성공적인 사례는 핑구스(Pingus)라는 스페인 컬트와인이 탄생하여 세계를 놀라게 한 일입니다.

이 지역 역시 토착품종인 템프라니요로 와인을 만드는데, 이곳에서는 틴토 피노(Tinto Pino)라고 부릅니다. 마치 이탈리아의 산지오베제 품종이 몬탈치노에서는 브루넬로로 불리는 것처럼 말입니다.

스페인의 로마네 꽁띠 베가 시실리아

리베라 델 두에로에는 260개가 넘는 보데가가 있습니다. 그중 하나, 아니 스페인을 대표하는 와인명가는 누가 뭐라 해도 1860년대에 설립된 베가 시실리아입니다. 이 보데가의 플래그십 와인은 강인함과 순수함을 지닌 우니코입니다.

'스페인의 로마네 꽁띠', '40년 이상 숙성이 가능한 와인', '1981년 찰스 왕세자의 결혼식 축하주', '스페인 국왕도 출시를 기다리는 와인', '돈이 아닌 우정으로 살 수 있는 와인', '구입을 기다리는 긴 대기자 명단' 등 수많은 수식어가 붙는 진정한 최고의 명품와인입니다.

전통 수작업으로 포도작황이 좋은 해의 포도를 선별하여 연간 3,000~6,000병의 소량만 생산하고 있습니다.

또 하나의 명품와인은 덴마크 출신의 피터 시섹이 1990년대에 설립한 도미니오 데 핑구스 보데가에서 생산한 것입니다. 앞에서 말한 것처럼 80년 이후 이 지역이 각광을 받으면서 모험과 열정의 와인메이커들이 몰려들어와 도전했는데, 피터 시섹도 그 중 한 사람이었습니다.

핑구스 와인은 포도나무 한 그루에 2~3송이만 수확할 정도로 엄선하여 만들다 보니 연간 6,000병 정도를 생산하는 로마네 꽁띠보다도 그 수량이 적습니다. 1994년 첫 빈티지의 배럴 테이스팅에서 로버트 파커로부터 100점을 받는 등 가히 스페인 컬트와인의 최고봉이라고 할 수 있습니다.

로버트 파커는 "만일 내 와인 셀러에 한 종류의 와인만 허용된다면 나는 핑구스로 채우겠다"고 한 것은 이미 앞에서도 말한 바 있습니다.

여기서는 세컨드 와인인 플로 데 핑구스(Flor de Pingus)와 좀 더 저렴한 핑구스 프사이(Pingus PSI/그리스 알파벳 23번째 문자)도 생산하고 있습니다. 2011년 빈티지 핑구스 프사이는 시진핑 주석이 방한했을 때 만찬 식탁에 오르기도 했습니다.

이외 유명한 생산자들로 알토(Aalto), 비냐 마요르(Vina Mayor), 알레한드로 페르난데스(Alejandro Fernandez), 보데가스 펠릭스 칼레호(Bodegas Felix Callejo) 등이 있습니다.

베가 시실리아

미국

신대륙 와인의 개척자 미국

미국 3대 대통령 토머스 제퍼슨은 와인 전문가입니다. 1785년부터 4년간 프랑스 주재 대사로 지내면서 와인의 매력에 심취해 지식과 견문을 넓혔으며 귀국 후 미국의 와인 산업 발전에 많은 기여를 했습니다.

하지만 1860년대 필록세라 전염병으로 인한 포도밭의 황폐화, 1920년에 시행된 금주법으로 미국의 와인 산업은 많은 타격을 받았습니다. 금주법이 해제된 1933년 이후 활기는 찾았지만 변변한 와인은 만들지 못해 저그 와인(Jug Wine, 1.5ℓ 이상 큰 용기에 담아서 판매하는 저렴한 와인)이 주류를 이루었습니다.

미국 와인의 르네상스는 1960년대 중반 이후부터입니다. 헌신적인 몇몇 와인메이커들이 함께 모여 유럽의 최상급에 견줄만한 명품을 생산하는 데 전심전력을 기울이자고 뜻을 모읍니다. 켈리포니아 와인의 아버지라 불리는 로버트 몬다비(Robert Mondavi), 하이츠 와인 셀러(Heitz Wine Cellars)의 설립자 조 하이츠 (Joe Heitz), 거기쉬 힐 에스테이트(Grgich Hills Estate)를 세운 마이크 거기쉬(Mike Grgich), 그리고 스태그 립 와인셀러(Stag Leap Wine Cellars) 설립자 워렌 위니아스키(Warren Winiaski)가 그 주인공입니다.

1976년 5월 24일 프랑스 파리 인터콘티넨탈 호텔에서는 미국 나파밸리 와인과 유럽 와인을 비교하는 블라인드 테이스팅 행사가 열렸습니다. 여기서 아무도 예상하지 못한 사건이 벌어졌습니다. 일명 '파리의 심판'으로, 절대 넘을 수 없다는 구대륙 와인의 아성을 신대륙 미국 와인이 무참히 무너뜨리는 일대 혁명이 일어난 것입니다.

화이트와인의 1위는 거기쉬 힐스 에스테이트 와이너리가, 레드와인의 1위는 스태그 립 와인셀러가 우승의 영광을 안았습니다. 영화에서도 소개될 만큼 그들의 우승 환호는 감동 그 자체였습니다.

미국 스미소니언 재단(Smithsonian Institution)과 19개의 박물관은 1억3,700만 점에 이르는 소장품 중 미국 역사를 대표하는 위대한 유물 101개를 선정했는데, 여기에 이 와인들도 들어가 있습니다. 참고로 미국의 상징 성조기, 링컨 대통령의 중절모, 우주비행사 닐 암스트롱(Neil armstrong)의 우주복 등이 그 속에 있습니다.

미국의 와인 관리제도 AVA

미국에는 정부 승인 포도 재배지역 AVA(America Viticultural Areas)가 1980년대부터 시작되었습니다. 프랑스 AOC와 비슷한 제도라 하겠습니다.

전 미국에 200개가 넘는 AVA 중 캘리포니아에만 109개가 있습니다. 캘리포니아가 미국 와인의 주류라는 데 이의를 달 사람은 없을 것입니다. 물론 AVA 승인이 꼭 품질을 보증하는 것은 아니지만 와인에 관해서는 정평이 나있는 유명한 지역임을 알려주는 잣대임은 분명합니다. 품질 규제는 하지 않지만 품종과 생산지는 통제를 하고 있습니다.

캘리포니아 이외에는 오리건 주 16개, 워싱턴 주 11개, 뉴욕 주에 9개의 AVA가 있지만 나머지는 미미한 편입니다.

매년 일정치 않은 기후로 인하여 유럽의 와인들은 빈티지에 많은 비중을 두지만 미국에서는 기후 조건이 좋아 포도품종과 재배지역을 더 중요시합니다.

와인 레이블에 표기되는 생산지 명칭은 주(States) 이름, 카운티(County) 이름, AVA 하나를 표기합니다.

주 이름 표기는 해당 주에서 재배된 포도를 100% 사용해야 하며 카운티 이름은 해당 카운티의 포도를 75% 이상 사용해야하고 전문 포도 재배지역(AVA)은 이 지역 포도를 85% 이상 사용해야만 합니다.

또 포도품종을 표기하려면 해당 품종의 75% 이상을 사용해야만 합니다. 오리건 주는 90% 이상입니다. 따라서 미국 와인에는 공식적인 등급 구분은 없지만 유명 재배지역 이름이나 와이너리 이름이 들어간 레이블이면 구입하여도 무난하다고 할 수 있습니다.

미국 레드와인의 보고 나파밸리

샌프란시스코 북부 해안지대에 위치한 나파밸리는 미국 최대 와인 산지인 동시에 최고 명품와인이 즐비한 미국산 레드와인의 보고라 할 수 있습니다.

나파는 인디언 언어로 '많다'라는 뜻이 있습니다. 나파 카운티(Napa County)의 나파시는 아담하고 조용하지만 잘 정돈된 행정도시입니다. 북쪽으로 욘트빌(Yountville)을 시작으로 오크빌(Oakville), 루더포드(Rutherford), 세인트헬레나(St. Helena), 그리고 칼리스토가(Calistoga)에 이르기까지 40km가 넘는 거리에 좌우로 포도밭이 펼쳐져 장관

나파밸리

을 이루는 와인 산지입니다. 또한 미슐랭 가이드에 나오는 유명 음식점과 와이너리 투어로 많은 사람들이 붐비는 관광지이기도 하지요. 나파 시에서 세인트헬레나까지 관광열차도 운행되고 있습니다. 와이너리 투어는 지명도와 여행의 질에 따라 가격 차이가 있지만 와이너리들 특유의 와인을 즐길 수 있는 좋은 기회입니다. 20~40달러 정도의 비용으로 집에서 마시는 와인과는 격이 다른 풍미를 경험할 수 있습니다.

1840년경부터 유럽에서 넘어온 제조업자들이 교회용 및 의학용으로 재배하면서 시작된 와인산업은 1860년대부터는 찰스 크루그(Charles Krug)와 베린저(Belinger) 등 역사가 깊은 와이너리들이 생겨나게 됩니다.

1960년대에 이르러 이 지역이 각광을 받으면서 현재는 400개가 넘는 와이너리가 성업 중에 있습니다. 대부분의 와이너리는 방문이 가능

나파밸리 '베린저' 와이너리에서 필자 가족

하지만 반드시 예약을 해야 갈 수 있는 곳도 있습니다. 와이너리 스크리밍 이글(Screaming Eagle) 같이 콧대가 높은 곳은 아예 방문 자체를 허용하지 않습니다. 이 지역에서 주로 사용하는 포도품종은 까베르네 소비뇽과 메를로입니다.

적게 만들수록 더 좋다, 컬트와인

프랑스에 가라지 와인(Garage Wine)이 있다면 미국에는 컬트와인(Cult Wine)이 있습니다. 양자의 공통점은 최상품을 소량 생산해 희소가치가 매우 높다는 것입니다.

1990년대에 나파밸리의 일부 뜻있는 와이너리들이 미국에서도 프랑스를 능가하는 와인을 만들어 보자는 야심찬 노력으로 탄생된 것이 컬트와인입니다. 컬트는 숭배라는 뜻이 있습니다. 종교적 숭배에 가까운 열광적인 지지를 받는다는 뜻이겠지요.

'적게 만들수록 더 좋다(The less, the better).'

이 원칙을 고수하는 컬트와인은 한정된 수량이 시중에 나오면서 로버트 파커와 같은 유명한 와인 평론가들이 만점인 100점과 거기에 가까운 높은 점수를 주면서 선풍적인 인기를 누리게 됩니다.

생산량의 70% 정도는 구매자 명단(Mailing List)에 의해 판매됩니다. 구매자 명단 정원은 450명 정도, 대기자 명단(Waiting List)은 4,000명 정도라니 10년 뒤에야 겨우 와인 한 병을 손에 넣게 되는 셈입니다. 연 생산량은 대개 5,000병 내외, 돈이 있어도 살 수 없는 와인입

컬트와인 스크리밍 이글

할란 이스테이트

니다. 어떤 투자가는 '액체 황금'이라고 했더군요.

그레이스 패밀리(Grace Family), 할란 이스테이트(Harlan Estate), 스크리밍 이글(Screaming Eagle), 콜긴(Colgin), 그리고 셰이퍼(Shafer)등 열 손가락 안에 들 정도의 소수 컬트 와이너리가 나파밸리 와인의 가치를 더 높이는 역할을 하고 있는데, 이름만 들어도 가슴이 뛱니다. 아끼고 있는 몇 병의 컬트와인을 언제 마실까 하는 고민은 행복한 고민이 아니라 고통이 될 수도 있다는 생각이 듭니다.

미국판 보르도, 나파밸리

나파밸리는 프랑스 보르도와 비슷한 점이 많습니다. 우선 주로 사용되는 포도품종이 까베르네 소비뇽인데 여기에 까베르네 프랑 등 몇 가지 포도를 섞어 만든다는 것이 그러합니다. 물론 미묘한 차이는 있겠지만.

1년 일조량이 2,000시간이 넘는 나파밸리의 기후 조건은 동일 품종이면 품질이 일정한 포도를 수확할 수 있는 이점이 있습니다. 나파밸리의 화창하고 청명한 여름날에 눈부신 파란 하늘과 어디를 둘러봐도 짙은 초록색 포도나무들의 군무를 보며 나 스스로 초록색으로 물들어가고 있다고 느낀 기억이 있습니다. 초가을에 방문한다면 초록색과 갈색의 조화가 빚어내는 환상의 세계를 경험할 수 있을 것입니다.

와인 말고도 즐길 수 있는 이름난 맛집이 많은데, 예컨대 세인트 헬레나에는 빵집 모델 베이커리(Model Bakery)가 있습니다. 수제 맥주를 만드는 러시안 브루잉(Russian Brewing)은 산타로사에 있으면서 와인의 심장부에서 맥주의 별미를 제공하고 있군요.

로버트 몬다비와 무똥 로쉴드의 합작품 오푸스 원(Opus One) 와이너리, 고풍스럽고 가장 오래된 베린저(Beringer), 스태그스 립스(Stag's Leap), 그리고 끌로 뒤발(Clos du Val) 등 헤아릴 수 없이 특색 있는 와이너리들이 즐비한 곳입니다.

나파밸리에 위치한 미국요리연구소 CIA(The Culinary Institute of America) Copia 지점 앞에 있는 조각상 Gorden Huether's Fork

이외에 미국을 대표하는 메리티지[Meritage] 와인은 Merit와 Heritage의 합성어로 1988년 공모에 의해 채택된 명칭으로 협회[The Meritage Association] 등록이 되어야만 사용을 할 수가 있습니다. [상세 설명은 오페라와 아리아 13편/오 사랑하는 나의 아버지에]

농촌스러움이 묻어나는 소노마밸리

소노마는 나파밸리와 산을 사이에 두고 서쪽 태평양 방향으로 긴 분지 형태를 이루고 있는 캘리포니아 와인 산지입니다. 와인 생산규모는 나

소노마밸리

파밸리의 절반 정도이지만 품질만은 결코 뒤지지 않아 세계인의 사랑을 받고 있습니다.

와이너리 수는 270개 정도, 주 생산 포도품종은 샤르도네, 까베르네 소비뇽 그리고 피노 누아입니다. 나파밸리에 비해 더 농촌스러움이 묻어나는 곳으로 2010년에는 미국 최초로 슬로시티로 지정 되었습니다. 아름답고 평화로워 시골생활을 즐기기에는 최상의 환경입니다.

소노마는 많은 달(Many Moons)이란 뜻의 인디언 말에서 유래가 되었습니다. 미국 소설가 잭 런던(Jack London, 1876~1916)의 작품 『달의 계곡(Valley of the Moon)』에도 등장하여 소노마밸리라는 이름은 더욱 널리 알려지게 되었습니다.

캘리포니아에서 가장 오래된 와이너리 부에나 비스타 카네로스(Buena Vista Carneros)의 건물은 미국 국가 사적으로 등록된 유서 깊은 석조건물입니다. 현재는 이 건물은 와인 룸으로 사용되며 시음도 이루어집니다. 1857년 헝가리 이민자 아고스톤 하라지(Agoston Harazthy/1812~1869)가 설립했습니다.

일본인 이민자 나가사와 가나에가 소노마 입구 산타로사(Santa Rosa)에 세운 파라다이스 릿지(Paradise Ridge)에는 'LOVE'라는 대형 조형물이 관광객의 시선을 사로잡고 있습니다.

그 외 비엔사(Viansa), 매티스 그르나슈(Mathis Grenache), 그리고 스파클링 와인의 코벨(Korbel)이 좋은 와이너리로 이름을 알리고

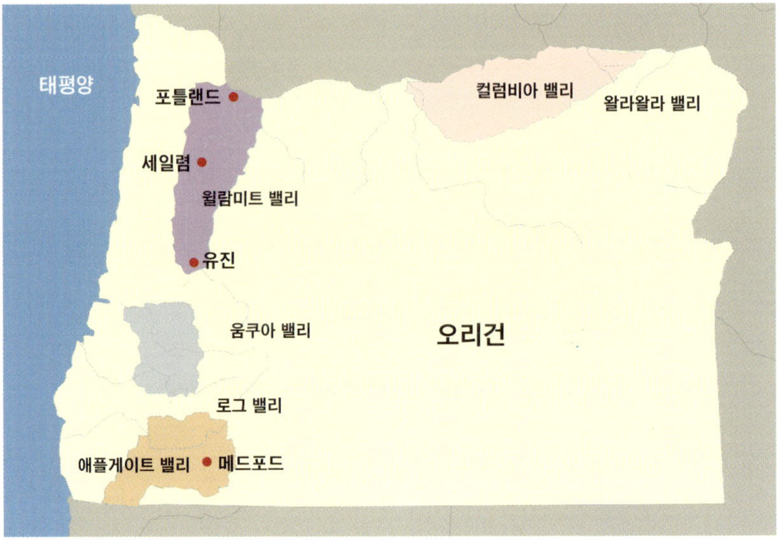

있습니다.

미국판 부르고뉴 오리건

오리건 주는 미국 서북부에 있으며 북쪽으로는 워싱턴 주, 남쪽은 캘리포니아 주와 네바다 주와 경계를 하고 있는 해양성기후 지역입니다.

1800년대 중반부터 와인을 만들었지만 현대적 와인을 생산한 것은 1970년대입니다. 데이비드 레트(David Lett)의 이리(Erie) 와이너리, 딕 이레스(Dick Erath)의 이레스 와이너리, 딕폰지(Dick Ponzi)의 폰지 와이너리들이 이 지역의 개척자들입니다.

16개소의 AVA는 캘리포니아 주 다음으로 많은 수입니다.

프랑스 부르고뉴와 미국 오리건은 같은 북위 45°에 있습니다. 까다롭고 기후에 민감한 피노 누아는 프랑스 부르고뉴를 떠나서는 잘 자라지 않았지만, 오리건은 달랐습니다.

부르고뉴의 와인은 100% 피노 누아로 만들며, 많지 않은 생산량에 세계적인 명품으로 이름이 나있기에 엄청 고가입니다. 하지만 오리건의 피노 누아 와인은 부르고뉴에 비해 합리적인 가격과 절대 뒤지지 않은 품질로 애호가들의 찬사를 받고 있습니다.

이 지역은 절반 이상이 피노 누아를 재배하며, 주 와인법에 따르면 이 한 가지 품종 100%로 빚어야만 라벨에 피노 누아를 품종을 표기할 수 있습니다. 가장 먼저 AVA에 지정된 윌람미트 밸리(Willamette Valley)에는 오리건 주의 와이너리 70% 이상이 몰려있습니다.

그외 AVA에 지정된 산지는 움쿠아 밸리(Umpque Valley), 애플게이트 밸리(Apple Gate Valley), 그리고 로그 밸리(Rogue Valley)가 있으며 여기서 생산된 제품은 와인 숍에서 쉽게 구할 수 있습니다.

1970년에 5개 와이너리에 35에이커(1에이커는 1,220평)에 불과했던 와인산업이 2010년에는 무려 334개의 와이너리에 1만9,400에이커의 경작 면적으로 비약적인 발전을 이루게 되었는데, 이는 안정된 품질과 합리적인 가격으로 소비자의 사랑을 얻을 수 있기 때문일 겁니다.

유명 와이너리로는 위에서 언급한 개척자들의 와이너리 외에 이브닝 랜드(Evening Land), 아처리 서밋(Archery Summit), 아가일(Argyle), 아델쉐임(Adelsheim), 켄 라이트(Ken Wright), 킹 에스테이트(King Estate) 등이 있습니다.

독일

전문성이 특징인 독일 와인

바흐, 베토벤, 브람스가 태어난 나라, 세계 3대 교향악단의 하나인 베를린필하모니 오케스트라가 있는 나라, 이탈리아 중심의 오페라를 악극으로 재탄생시킨 바그너와 그를 위한 오페라 전용 극장 바이로이트가 있는 나라, 그래서 바그너 추종자들에게는 성지인 나라, 세계 최고의 자동차를 만드는 나라…. 이처럼 세계 1등이 많은 나라가 독일입니다.

흔히 독일 와인의 특성을 전문성이라 말합니다. 리슬링이라는 포도 품종 단 한 가지로 다양한 맛과 향을 만드는 마술을 부리기 때문일 겁니다. 그래서 독일은 리슬링의 나라입니다. 이 품종으로는 세계 최고의 경작 면적을 가지고 있습니다. 무려 5만 에이커입니다. 참고로 2위는 오스트리아로 1만 에이커, 프랑스가 8,000에이커이니 엄청난 차이를 알 수 있습니다. 하기야 1430년대부터 리슬링을 재배했다고 합니다.

북위 50°에 위치한 독일은 포도재배가 가능한 북방한계 지역입니다. 독일에서는 주로 화이트와인이 생산됩니다. 레드와인도 일부 생산은 하지만 15%에 불과하고 존재감도 미미합니다. 북방의 기후에서는 적포도가 청포도만큼 잘 자라지 못하기 때문입니다.

독일 와인을 이해하는 데는 85라는 숫자가 많은 도움이 됩니다. 우선 화이트와인의 생산량이 전체 와인 생산량의 85%입니다. 라벨에 표시된 포도품종은 그 품종을 85% 이상 사용했다는 의미이며, 빈티지는 그해 생산된 포도를 85% 이상 사용했다는 뜻입니다. 물론 최상급 포도원은 그해 생산된 포도를 100% 사용합니다.

독일의 와인 생산량은 세계적으로 2~3%에 불과합니다. 그 이유는 기후의 영향도 있지만 독일은 맥주의 나라이기 때문입니다. 또 우수한 포도원의 80%는 심한 경사지(45° 비탈지 14%, 60° 비탈지 66%)에 있는 탓에 기계로 수확할 수가 없는 것도 큰 원인입니다. 기계 한 대가 60명 정도의 인력을 대신한다고 합니다.

리슬링 외 포도품종으로 리슬링과 샤슬라의 교배 품종인 뮐러 투르가우(Müller Thurgau)가 있습니다. 이 두 품종이 독일 와인의 주력입니다.

라인강과 포도원

라인강 주변의 최상급 생산지 라인가우, 라인헤센, 팔츠, 모젤

독일의 와인 생산지는 13곳입니다. 다른 나라들에 비해 적은 수의 생산지이지만 다음 네 곳은 꼭 알아두도록 합시다. 이유는 최상급 와인을 생산하는 지역이기 때문입니다. 라인강을 끼고 있는 라인가우와 라인헤센, 팔츠, 모젤 이 네 곳을 알면 독일 와인의 핵심을 안다고 해도 무방합니다.

독일와인은 간단히 말해서 당도와 산도의 균형이 잘 잡혀있고 알코올 함량은 낮은 편입니다. 보통 알코올 함량은 8~10%, 프랑스의 평균 함량 11~13% 보다 낮습니다.

당도의 원천은 태양입니다. 그러나 북반구의 기후 특성상 포도의 당분이 부족한 경우가 자주 발생하는 편입니다. 이 점을 보완하기 위해 발효되지 않은 포도즙 머스트(Must)에 당분을 첨가하는 샤프탈리자시옹(Chaptalization)을 하는 일이 흔히 발생합니다. 하지만 상급 와인에는 가당이 금지돼 있습니다. 와인 라벨에 '프레디카츠바인(Pradikatswein, 가당 금지됨)'이라고 표기돼 있는 것은 틀림없이 고급, 고가 와인입니다.

독일 와인은 당도에 따라 트로켄(드라이), 할프 트로켄(미디엄 드라이) 그리고 프루티(Fruity, 조금 드라이한 것에서 달콤한 것까지)로 나뉘며 이것이 기본 스타일입니다.

타펠바인과 크발리테츠바인

1971년에 제정된 독일의 와인법은 크게 두 가지입니다. 하위 등급인 타펠바인(Tafelwein, 테이블 와인)과 고급 와인인 크발리테츠바인(Qualitatswein) 각각 규제합니다. 크발리테츠바인은 다시 가당이 금지된 프레디카츠바인으로 세분화되는데, 프레디카츠바인 역시 포도의 숙성도, 재배지, 와이너리의 명성 등등에 의해 당연히 평가와 가격이 달라집니다.

1. 카비네트(Kabinett): 정상적인 수확기에 딴 포도로 만든 와인.

2. 슈페트레제(Spätlese): 수확기 보다 늦게 딴 포도로 담근 와인. 햇볕을 더 많이 받아서 바디감이 더 묵직하고 풍미가 깊음.

모젤 옥페니복슈타인 슈페트라제

3. **아우스레제:** '선택된'이라는 뜻으로 잘 익은 포도를 선별해 만든 와인.

4. **베렌아우스레제:** 일일이 하나씩 딴 포도로 담근 와인으로 독일 후식와인의 최고품이며 10년에 2~3번만 생산.

5. **트로켄베렌아우스레제:** 약간 드라이하지만 건포도에 가까운 포도로 담근 독일 최고가 와인. 프랑스 샤또디켐에 비교 되는 최고 품질로 1921년 모젤 지역에서 처음 생산.

날씨만 좋다면 포도는 나무에 오래 놔둘수록 더 달콤하고 깊은 풍미가 생기지만 기상악화로 인해 모든 것을 잃을 수도 있는 위험을 감수해야 합니다. 아이스바인(Eiswein)은 얼려서 수확한 포도로 만든 달콤한 와인이지만 독일에서는 위 등급 중 베렌아우스레제 수준의 포도로 만들어야 한답니다.

프레디카츠 표시가 고급 와인

품질 좋은 독일 와인을 고를 때 먼저 가당의 여부 즉 라벨에 '프레디카츠'란 문구가 있는지를 봐야 하고 등급 분류에 속해 있는지를 보면 됩니다. 더하여 이미 소개한 지역의 와인이라면 더 좋은 선택입니다. 일반적으로 고품질의 와인은 다음 조건을 갖추었을 때 만들어집니다.

1. 수확량이 낮을 때에 딴 포도로 만들 때
2. 이름난 훌륭한 포도원이 재배한 포도로 만들 때
3. 훌륭한 와인 메이커가 만들 때
4. 포도생육에 적합한 기후의 훌륭한 빈티지일 때

독일 라인가우 '요하네스 슐로스버그' 와이너리를 방문한 필자

같은 베렌아우스레제급의 포도로 만든 와인일지라도 가격 차이가 나는 경우가 있습니다. 이는 포도품종의 차이로 인한 현상입니다. 즉 리슬링이 뮐러 투르가우 등 다른 품종의 포도에 비해 더 높은 가격이기 때문입니다. 역시 독일은 리슬링의 나라라고 하겠습니다. 국가별 평균 와인품질을 평가한다면 경험상 독일 와인이 가장 안정되고 정직하며 맛이 우수하다고 생각합니다. 물론 화이트와인에 국한 한 평가입니다.

독일 와인메이커들은 "100일간 햇볕은 좋은 와인을 만들지만, 120일간 햇볕은 훌륭한 와인을 만든다"라고 말한답니다.

칠레

가격 대비 우수한 품질 칠레

우리나라는 2004년 칠레와 FTA협정 체결 이후 수입이 급격히 늘어나면서 주위에서 쉽게 칠레 와인을 접할 수 있게 됐습니다. 가격 대비 우수한 품질이란 인식도 있지만 훌륭한 마케팅 전략도 한몫을 한 것 같습니다.

칠레는 태평양을 따라 4,000km가 넘는 해안선이 쭉 뻗어 있고 평균 폭 175km의 긴 나라입니다. 여기에다 4,000m에 가까운 안데스산맥의 높은 봉우리들로 인하여 아주 다양한 기후를 갖고 있습니다.

언젠가 크루즈 여행을 하기 위해 칠레 산티아고공항에서 산 안토니오 항구로 이동 중에 주위를 보니 온통 포도밭이었습니다. 작열하는 태양으로 날씨는 덥고 엄청 메마른 듯했지만 포도나무는 꿋꿋하게 잘 자라고 있었습니다.

이런 칠레의 다양한 기후와 특수한 지형이 가지가지의 포도품질을 만들어 와인산업을 발전시키고 있습니다.

2007년에 설립된 칠레 와인협회(Vino de Chile A.G.)는 품질향상과 지속가능한 개발, 와인 국가 이미지 형성 등을 지원한 결과, 매년 10% 내외의 성장을 이루어 이제는 30억 불이 넘는 수출 실적을 올리고 있다고 합니다.

우리에게 친숙한 몬테스 알파(Montes Alpha)와 1865는 우리나라 중저가 와인 시장을 석권 했지만 이런 수준의 와인에 머물렀다면 칠레 와인을 더 언급할 필요가 없겠지요.

1990년대 이후부터 유럽의 메이저급 와이너리와 선진 자본의 유입으로 알마비바(Almaviva)와 세냐(Sena) 등 합작회사의 명품들이 세계 무대에 명함을 내밀기 시작합니다.

주요 포도품종은 화이트와인용 소비뇽 블랑과 샤르도네가 비슷한 비율로 재배되며 레드와인은 거의가 카베르네 소비뇽이 차지하고 메를로, 카르메네레(Carmenere)와 시라 순입니다.

주요 와인 생산지는 카사블랑카 밸리(Casablanca Valley), 마이포

눈덮인 안데스산맥이 병풍처럼 둘러싼 칠레 포도원

밸리(Maipo Valley), 라펠 밸리(Rapel Valley)와 콜차과(Colchagua) 입니다.

칠레 와인을 한 단계 상승시킨 에두아르도 채드윅

칠레도 와인등급이 있긴 하지만 대체로 자유로운 편입니다. 라벨에 표기되는 포도품종과 빈티지는 원산지(DO, Domaine of Origin)의 원료가 85% 이상 사용되어야 한다는 기본원칙이 있습니다.

이외에,

* **레세르바 에스페샬(Reserva Especial):** 최소 2년 이상 숙성된 와인에 표기

*레제르바(Reserva): 최소 4년 이상 숙성된 와인에 표기

*그랑 비노(Gran Vino): 최소 6년 이상 숙성된 와인에 표기

*돈(Don): 아주 오래된 와이너리에서 생산된 고급 와인에 표시

라는 등급이 있지만 통제수준이 스페인에 비하여 느슨한 편입니다. 맹신할 필요는 없지만 참고하시면 도움은 됩니다.

1990년 이전의 칠레 와인은 대체로 중저가 와인이지만 이후 프리미엄급 와인을 만들면서 많은 변화가 있게 됩니다.

칠레 와인을 말하기 위해서는 에두아르도 채드윅(Eduardo Chadwick)이란 인물을 알아야 합니다. 1870년 돈 막시미아노 에라수리스(Don Maximiano Errazuriz)가 아콩카과 밸리(Aconcagua Valley)에 설립한 에라수리스 와이너리는 5대를 이어 오면서 네 명의 대통령을 배출한 칠레의 명문가입니다. 1983년부터 가업을 계승한 에두아르도 채드윅은 미국 나파와인의 전설 로버트 몬다비와 합작하여 1995년에 세냐를 만듭니다. 세냐는 칠레 프리미엄급 와인의 산뜻한 첫출발로 칠레 와인을 세계 명품 반열에 그 이름을 올리는 일등공신이 됩니다.

이후 많은 와이너리들이 합작을 통하여 프리미엄급 와인을 활발히 출시하면서 칠레 와인은 더 이상 변방이 아닌 본 대열에 합류하게 됩니다. 채드윅은 이 공로로 2010년 정부로부터 공로상을 수상하기도 했습니다.

세냐 2008년 빈티지는 프랑스 5대 샤또를 능가한다는 품평을 받으며, 채드윅은 '칠레 와인으로 세계를 매혹시킨 남자'로 불리기도 합니다.

알마비바

몬테스 알파 엠

칠레 와인의 또다른 명품 알마비바

알마비바(Almaviva)는 로시니(Rossini)가 작곡한 오페라 '세비야의 이발사'와 그 속편이랄 수 있는 모차르트(Mozart)의 오페라 '피가로의 결혼'에 등장하는 부와 권력을 소유한 인물입니다. 칠레 프리미엄급 와인에도 알마비바가 등장합니다.

칠레의 콘차이 토로(Conchay Toro)사와 프랑스 5대 샤또인 무똥 로쉴드가 합작으로 생산하는 와인 이름이 바로 알마비바입니다. 칠레

세냐

의 양질 포도에 보르도 선진 양조기술이 더해져 단숨에 칠레 프리미엄급 와인의 대표주자로 이름을 올리게 됩니다. 카베르네 소비뇽을 주품종으로 카르미네르와 카베르네 프랑이 블랜딩된 보르도 스타일 와인입니다.

'세비야의 이발사'의 알마비바는 젊고 능력 있는 백작 신분으로, 청순한 로지나를 흠모하며 사랑을 고백하는 순수한 사람이었다면, '피가로의 결혼'의 알마비바는 자기 아내 로지나의 하녀 수잔나에게 수작을 거는 호색한으로 변해 있습니다.

무슨 연관이 있기에 와인명을 알마비바로 작명했는지 궁금하지만 와인의 향과 맛은 고가의 무똥 로쉴드의 풍미를 느낄 수 있는 괜찮은 와인임은 분명합니다.

몬테스는 중저가 와인으로 단기간 세계 최고 판매량을 달성한 칠레의 대표적인 와이너리입니다. 1990년대 프리미엄급 와인이 시작되면서 카베르네 소비뇽을 주품종으로 야심작 몬테스 알파 엠(Montes Alpha M)을 시작으로 2000년에는 시라 품종으로 몬테스 폴리(Folly)를 그리고 2005년에는 까르미네르로 퍼플 엔젤(Purple Angel)을 만들면서 가장 칠레다운 와인메이커로 자리매김합니다. 몬테스 알파 엠의 M은 이 와이너리 공동 창업자 더글라스 머레이(Douglas Murray)의 업적을 기리기 위해 붙인 것입니다.

이외에 이탈리아 명가 안티노리(Antinori)와 칠레의 와이너리 하라스 데 피르케(Haras de Pirque)와의 합작품으로 2004년에 만든 새벽이란 뜻의 알비스(Alvis) 역시 칠레 와인의 세계화에 기여했다고 평가받고 있습니다.

오스트레일리아

세계 6위권의 와인대륙 오스트레일리아

오스트레일리아는 남반부에 위치한 세계 6위권의 와인 생산국이며 수출량은 이탈리아, 프랑스, 스페인에 이어 세계 4위입니다. 오스트레일리아가 위치하는 남위 20~40°는 포도나무가 생육되는 최적의 지역입니다.

오스트레일리아 와인의 역사는 이민의 역사와 흐름을 같이합니다. 1788년 영국 죄수들을 싣고 시드니에 온 아서 필립(Arthur Philip) 선장은 브라질 산 포도나무를 처음 심었답니다. 그 후 독일, 이탈리아, 영국 등 유럽 이민자들이 오스트레일리아 와인산업을 이어왔습니다.

미미한 오스트레일리아 와인 역사는 1970년대부터 우수한 품종을 원료로 한 와인이 생산되기 시작하면서 성장의 동력을 얻게 됩니다. 현재는 2,500개에 이르는 와이너리가 성업 중입니다.

주요 와인 생산지는 남오스트레일리아(South Australia), 서오스트레일리아(Western Australia), 빅토리아 주(Victoria) 그리고 뉴 사우스 웨일즈 주(New South Wales) 등 네 지역입니다.

이중 남오스트레일리아 지방은 호주 와인의 절반을 생산하는데 여기에 오스트레일리아 대표 유명 와이너리들이 포진하고 있습니다.

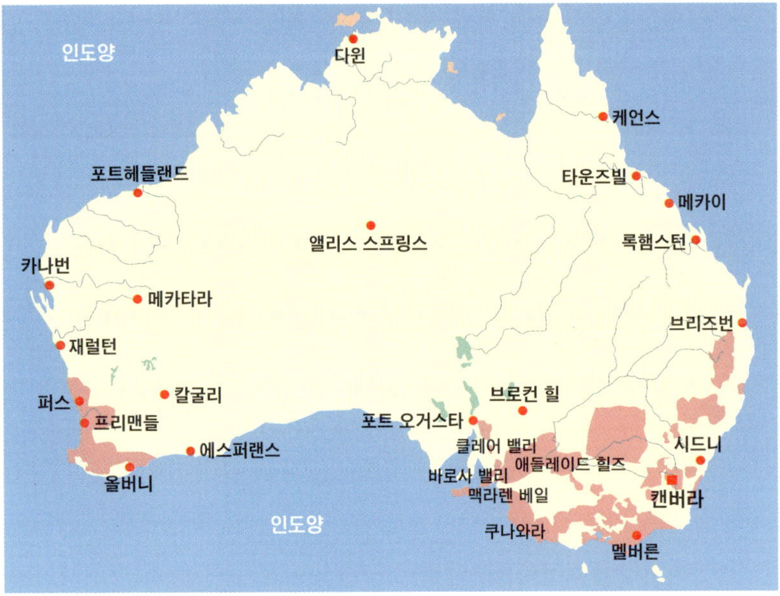

남오스트레일리아의 유명지역은,

1. **애들레이드 힐스(Adelaide Hills)**: 주로 샤르도네와 소비뇽 블랑으로 화이트와인 생산

2. **클레어 밸리(Clare Valley)**: 주품종 리슬링

3. **바로사 밸리(Barossa Valley)**: 시라즈와 그르나슈로 레드와인 생산

4. **맥라렌 베일(McLaren Vale)**: 시라즈와 그르나슈가 주품종

5. **쿠나와라(Coonawarra)**: 주품종 카베르네 소비뇽 등입니다.

오스트레일리아의 포도품종은 적포도 시라즈가 25% 정도로 가장 많으며 카베르네 소비뇽은 16% 정도입니다. 청포도는 샤르도네가 가장 많은 16%, 세미용이 4% 정도입니다.

2000년대 중반만 해도 화이트와인의 생산량이 많았지만 현재는 레드와인 생산량이 58%로 화이트와인 생산량을 앞서고 있습니다. 남반부의 특성상 포도수확은 매년 2월에서 5월에 하며 빈티지도 이때 결정됩니다.

오스트레일리아 와인은 돌려서 여닫는 스크루 캡을 75% 이상 사용하지만 유명 고가 와인들은 여전히 코르크 마개를 사용하고 있습니다.

오스트레일리아의 와인법 LIP

오스트레일리아는 1990년 빈티지를 시작으로 LIP(Label Integrity Program)를 발효하고 있습니다. 프랑스 AOC처럼 철저하게 관리하지는 않지만 빈티지, 포도품종, 지역 표시제를 규정하고 감독합니다.

먼저 생산자 명, 품종(여러 품종으로 블랜딩한 경우 가장 높은 비율 순서로 표기), 특정 와인 생산지가 표기되었다면 그 지역 포도가 85% 이상 사용되어야 하며 빈티지가 명시되는 경우에는 그해 수확한 포도를 95% 이상 사용해야만 합니다.

라벨에 표시되는 내용들은 소비자가 알기 쉽게 적혀 있습니다.

오스트레일리아에는 100여종이 넘는 포도품종이 있지만 20여 종이 와인생산에 사용되며 이 중에 시라즈와 카베르네 소비뇽 그리고 청포도인 리슬링이 가장 인기 있습니다.

프랑스 론 지방이 고향인 시라는 호주에 와서 시라즈로 불립니다.

오스트레일리아

같은 품종이지만 일조량 탓인지, 호주의 시라즈로부터는 더 농익은 과일 풍미를 지닌 완전히 다른 와인이 태어납니다.

마찬가지로 보르도의 카베르네 소비뇽 또한 이곳 쿠나와라와 품종으로는 동일하지만 포도는 역시 확연히 다르다는 것을 감지할 수 있습니다. 리슬링 와인 또한 독일이 원조라 하겠지만 이곳 클리어 밸리의 리슬링은 짙은 노란색에서부터 진한 과일향의 풍미가 더 도드라짐을 느낄 수 있습니다. 이런 현상들도 와인에 빠지게 되는 매력일 겁니다.

세기의 와인에 선정된 펜폴즈 그랜지

1988년에 창립된 랭턴스 와인 경매회사(Langton's Wine Auction &

Exchange)의 랭턴스 등급분류(Langton's Classification)는 오스트레일리아 와인을 구입할 때 참고가 됩니다.

오스트레일리아 정부가 공인한 기구는 아니지만 등급을 평가하고 분류하는 체계가 합리적이고 공정하며 매우 정교하다고 합니다.

랭턴스 등급은 1등급(Exceptional), 2등급(Outstanding), 3등급(Excellent), 4등급(Distinguished) 이렇게 네 등급으로 나뉩니다.

'오스트레일리아의 국보급 와인', '오스트레일리아를 상징하는 와인', '오스트레일리아의 문화재' 등 온갖 찬사를 받으며 변방 호주 와인을 세계 명품 반열에 이름을 올린 펜폴즈 그랜지(Penfolds Grange)는 펜폴즈 와이너리의 최고 와인입니다.

펜폴즈 그랜지 2008

1844년 영국 의사인 크리스토퍼 펜폴드(Christopher Penfold)는 가족과 함께 오스트레일리아로 이민 옵니다. 그는 환자 치료용으로 와인을 만들기 시작했습니다. 더 그랜지(The Grange)라는 고향집의 애칭으로 병원을 개업하면서 100ha 규모의 밭에 남부 프랑스 묘목을 심어서 포도밭을 가꾸기 시작합니다. 1870년 펜폴드 사망 후 부인 메리 펜폴드와 사위 토마스 하일랜드(Thomas Hyland)를 거치면서 이 와이너리는 호주 포도밭의 알짜배기인 바로사 밸리, 맥라렌 베일, 헌터 밸리 등에 진출해 마침내 규모면이나 품질면에서 앞장서는 지위로 발전합니다.

1999년 와인 전문지 '와인 스펙테이터(Wine Spectator)'는 1955년산 펜폴즈 그랜지를 '세기의 와인(Wine of the Century)'으로 선정하기도 했습니다. 국제적으로 대접이 달라지는 건 당연지사! 여기에는 한 무명의 와인메이커인 독일계 막스 슈버트(Max Schubert)의 열정과 집념이 숨어 있었습니다.

1951년부터 생산되었지만 당시는 혹평의 연속이었습니다. 생산 중단 지시가 내려지기도 했습니다. 하지만 막스 슈버트는 품질에 대한 확신과 믿음으로 10여년의 세월을 보내고 1960년대에 들어와서 그 진가를 인정받게 됩니다. 숙성 기간이 오래 되고나서야 비로소 이 와인은 존재감을 드러냈습니다. 이래서 와인은 사람을 닮았다고 하나 봅니다.

펜폴즈 와이너리는 "시작은 미미했지만 그 끝은 창대하리라"는 성경 말씀대로 커다란 성공을 거둡니다.

포르투갈

포르투 와인의 나라 포르투갈

포르투(Porto)는 포르투갈 북부에 위치한 항구이며 이 나라 제2의 도시입니다. 도시 명칭이 항구(Port)로서 대항해시대에는 무역 거점으로 융성함을 누렸으며 지금은 그 도시의 역사지구가 세계문화유산에 등재되기도 했습니다.

이곳 역시 프랑스 보르도의 지롱드강처럼 도우로(Douro)강이 포트항을 지나서 대서양으로 흘러들어갑니다. 이 강의 상류 도우로 밸리(Douro Valley)는 포르투갈을 대표하는 포트와인의 생산지입니다. 한때 프랑스 보르도 지방은 영국이 지배하고 있었지만 100년 전쟁(1337~1453)을 통해서 프랑스가 되찾은 지방입니다. 영국은 그 전쟁 중 프랑스와의 와인 교역이 원활하지 못해서 포르투갈 와인에서 그 대안을 찾았습니다. 하지만 오랜 항해로 인해 와인이 부패하자, 그 대처 방안으로 주정강화 와인(Fortified Wine)을 만들게 됩니다. 즉 발효 중인 와인에 70°가 넘는 브랜디를 첨가해서 일반 와인보다 알코올 도수가 높아지면 긴 항해에도 변질되지 않습니다.

바로 이 와인이 신선한 과일 잼 같고 다크 초콜릿을 듬뿍 담은 듯한 독특한 향미와 20°가 넘는 알코올 도수를 자랑하는 포트와인입니

다. 포트와인은 단숨에 포르투갈 대표 와인으로 자리매김합니다. 드라이한 맛에서 스위트한 맛까지 다양한 스타일의 포트와인이 만들어지고 있습니다.

포트와인

포트와인은 틴토카웅(Tinto Cǎo)이나 틴토 호리스(Tinto Roriz) 등 지역 토종품종을 섞어서 만듭니다. 주로 와인컬러에 따라서 등급이 결정됩니다. 화이트 포트(White Port)는 흔치 않지만 차게 해서 마시는 식전주로 사용되며 가격은 저렴한 편입니다.

가장 대중적인 루비 포트(Ruby Port)는 투명한 루비색의 레드와인입니다. 루비 포트 중 레이트 보틀드 빈티지(Late Bottled Vintage/LBV)는 단일 빈티지 포도로 만들어 4~6년간 통속에서 숙성을 거칩니다.

토니 포트(Tawny Port)는 호두향이 진한 갈색에 부드러운 질감의

포트항

도우 40년 올드 토니포트

도우 10년 토니포트

와인입니다. 드물게 40년 숙성된 것도 있지만 보통은 10~20년 된 것입니다. 라벨에 나이가 표기됩니다.

빈티지 포트는 특별히 좋은 해에 단일 빈티지로 응집되고 구조감이 좋아서 장기 보관이 가능한 최상급 포트로 인정받고 있습니다.

평균적으로 토니와 루비가 60%, 빈티지 캐릭터(프리미엄 루비라고도 하며 여러 빈티지를 섞어 만든 와인)는 30%, 에이지드 토니 포트 7%, 빈티지 포트가 약 3% 정도 생산되고 있습니다.

핀하오 부근 포르투갈 전통 방식의 와인 저장고

헝가리

세계 3대 스위트와인 산지 헝가리

헝가리 북동부에는 토카이(Tokaj)라는 마을이 있습니다. 와인 생산지명도 토카이(Tokaji)이지만 스펠링이 좀 다릅니다. 이곳이 세계 3대 스위트 와인 중 하나인 토카이 어쑤(Tokaji Aszù)의 생산지입니다.

토카이 어쑤의 원료는 푸르민트(Furmint)라는 포도품종입니다. 푸르민트에 보트리티스 시네레아(Botrytis Cinerea) 균을 감염시키면 수분이 날아가면서 쭈글쭈글해지는데, 이것을 '어쑤'라고 부릅니다. 한편 감염되지 않은 포도를 수확해 발효시킨 베이스 와인에 어쑤를 넣어 당도를 조절해 후식용 스위트와인을 만드는 것입니다. 이때 어쑤를 담는 일종의 바구니(양동이라고도 함)를 푸토뇨시(Puttonyos)라고 하며 당분의 함량을 나타내는 기준으로도 통용됩니다. 즉 푸토뇨시가 많을수록 당도와 가격이 높아지는 것입니다.

시중에서 쉽게 볼 수 있는 푸토뇨시는 3~5입니다. 푸토뇨시 3은 1ℓ당 60g의 당분이 들어있다는 뜻이며, 4는 90g, 5는 120g, 6은 150g이나 들어있다는 뜻입니다.

어쑤 에센시아(Aszù Essencia)는 당도 180g/ℓ 이상이 함유된 고급와인을 말하는데, 이중에서도 800g/ℓ인 토카이 에센시아는 희귀한 와인에 속한다고 하겠습니다.

프랑스와 러시아 황실에서 애용해서 '왕의 와인', '와인의 왕'으로 불리는 토카이 에센시아는 자타가 공인하는 헝가리의 대표 명품와인입니다.

헝가리 서부 벌러톤 호 인근의 포도원

와인 오디세이 **04**

WINE & MUSIC
오페라 아리아와 와인

그대 음성에 내 마음 열리고

Mon Coeur s'ouvre a ta Voix

– 생상스 '삼손과 델릴라' 중

삼손은 구약성경 사사기 13장에 나오는 인물로서 괴력을 지닌 이스라엘 지도자(사사)입니다. 적대 관계에 있는 블레셋이 삼손을 제거하기 위해 델릴라라는 미인을 보내 그가 갖고 있는 힘의 원천이 무엇인지 알아보게 합니다. 집요한 델릴라의 간청에도 비밀을 말하지 않았지만 결국 감미롭고 아름다우며 서정성 짙은 이 아리아, '그대 음성에 내 마음 열리고'라는 노래에 그만 무장해제 되고 맙니다. 자신의 힘의 근원은 머리카락이며 머리카락이 잘리면 그 힘이 없어진다고.

삼손이 잠든 사이 델릴라는 그의 머리카락을 잘라 마침내 블레셋의 노예로 전락시킵니다. 그러나 다시 머리카락이 자라나고 엄청난 힘도 되살아난 삼손은 신전의 기둥을 무너뜨려 적들을 죽입니다. 그러나 자신도 델릴라와 함께 무너지는 신전 속에 묻혀 최후를 맞이합니다. 우리도 살아가면서 어떤 계기에서 마음의 문을 열 때가 있습니다. '신의 물방울'의 저자 아기 다다시는 부르고뉴 DRC(Domaine de la Romanée Conti)의 100% 피노 누아로 만든 와인 에세조(Éschézeaux)에 감동받아 와인 세계에 입문했다고 합니다.

내가 와인에 문외한 시절, 한 번 마신 와인의 여운이 하루 종일 입안을 은근하고도 매혹적으로 자극하는 향기로 남아서 행복하다는 느낌을 받은 적이 있습니다. 그 와인은 샤또 마고였습니다. 이미 여러 번 얘기했지만 샤또 마고는 1855년 나폴레옹 3세에 의해 지정된 보르도 1등급 5대 샤또(라뚜르, 라피트, 마고, 오브리옹, 무똥 로쉴드) 중 하나입니다. 7,000개가 넘는 보르도 와이너리 중에 선택된 다섯 샤또는 귀족의 세습작위처럼 오늘날까지 명품 와인으로 대접받고 있습니다. 이것이 불만을 느끼는 사람도 적지는 않겠지만 와인라벨인 에티켓에는 1855년 등급 받은 와인이라고 훈장처럼 당당하게 표기합니다.

'그대 음성에 내 마음 열리고'를 샤또 마고가 나를 위하여 불렀나 봅니다. 그 향은 델릴라가 부른 아리아처럼 치명적이었습니다. 긴 여운을 지속하는 맛이 나를 사로잡았습니다.

숫기 없던 시절 알고 지내던 어떤 여학생이 자기가 제일 좋아하는 아리아라고 했던 기억이 문득 떠오릅니다. 아련한 추억입니다. 마리아 칼라스가 부른 것이 압권입니다.

샤또 마고

4월의 밤은 얼마나 부드러운가
이리 오세요 그리고 사랑한다 말해주세요

Com'e gentil la Notte a mezzo Aprile
Tornami a dir che m'ami

– 도니제티 '돈 파스콸레' 3막 중 에르네스토 세레나데와 에르네스토와 노리나의 2중창

벨칸토 오페라의 거장 도니제티(Gaetano Donizetti, 1797-1868)의 부파(희극 오페라) '돈 파스콸레(Don Pasquale)'는 돈 많은 독신 구두쇠 영감 돈 파스콸레와 그를 둘러싸고 친구 겸 주치의인 말라테스타(Malatesta)와 조카 에르네스토 그리고 노리나(Norina)라는 젊은 미망인 사이에 일어나는 재산 상속과 사랑 이야기입니다.

모스카토 다스티

노리나는 에르네스토와 서로 사랑하는 사이지만 말라테스타의 중매로 엉뚱하게도 돈 파스콸레와 어울리지 않은 결혼을 앞두게 됩니다. 그러나 그것은 재산 상속과 에르네스토와의 결합을 위해 꾸민 정략적 결혼이었습니다. 즉,

노리나는 결혼 후 폭력적이고 엄청난 낭비벽이 있는 악처로 행세를 해 돈 파스콸레가 질려서 그 결혼을 포기하게 만들고 결국 그녀를 조카 에르네스토와 맺어주도록 유도하는 것으로, 이는 말라테스타의 치밀한 계획에 따른 것입니다. 그 작전은 맞아떨어져 돈 파스콸레는 결혼을 포기하고 두 사람의 결합을 인정하는 것으로 끝이 납니다.

3막 중 삼촌과 노리나가 살고 있는 집에 숨어든 에르네스토는 구름 한점 없는 보름달 밤에 그녀 창 앞에서 감미롭고 아름다운 세레나데 '4월의 밤은 얼마나 부드러운가?'를 부릅니다.

이어서 노리나와 에르네스토가 2중창 '이리 오셔요 그리고 사랑한다고 말해주세요'를 한 폭의 그림처럼 아름답게 노래합니다.

이탈리아에는 3대 와인 산지가 있습니다. 네비올로 품종으로 만드는 피에몬테, 주품종이 산지오베제인 토스카나, 그리고 로미오와 줄리엣의 사랑이 남아있는 베네토입니다.

피에몬테 아스티(Asti) 지방에서는 모스카토(moscato) 품종으로 약 발포성 화이트와인 모스카토 다스티(Moscato d'Asti)를 만듭니다.

차게 해서 마실 때 느낄 수 있는 단 맛도 좋지만 무엇보다도 과일향, 특히 복숭아향은 감미로운 부드러움 그 자체입니다. 적당히 피어오르는 기포도 보기가 좋습니다.

무슨 미사여구가 필요할까요? 구름 한점 없는 달밤에 연인의 창 아래서 부르는 세레나데에 이어지는 이중창은 마치 더운 여름에 마시는 모스카토 다스티의 감미롭고 향기로운 과일향처럼 설명이 필요치 않는 아름다운 장면입니다.

달님에게 부치는 노래

Song to the Moon

– 드보르작 '루살카' 1막 중

루살카(Rusalka)는 슬라브 신화에 나오는 물의 요정입니다. 이 설화를 바탕으로 드보르작(Antonín Dvořák, 1841~1904)이 3막의 서정성 짙은 오페라를 만들었는데, 체코판 '인어공주'라 할 수 있습니다.

꿈 많고 호기심 많은 소녀처럼 물의 요정 루살카는 호숫가에 사냥 나온 잘 생긴 왕자를 본 후 그를 사랑하게 됩니다. 달빛이 교교히 비치는 호숫가의 밤, 루살카는 달을 향하여 '달님은 온 누리를 구석구석 비추시니 내 님은 어디에 있는지, 내 사랑을 전해 달라'는 아리아 '달님에게 부치는 노래'를 엷은 안개가 낀 듯이 신비스럽고 환상적으로 부릅니다.

역사는 밤에 이루어진다는 말처럼 오페라에도 사건은 밤에 많이 이루어집니다. 루살카는 마녀 예지바바(Jezibaba)를 찾아 자신의 소원을 말했는데 마녀는 인간이 되려면 말을 하지 못하게 된다는 조건을 내걸었고 또 사랑이 식으면 두 사람 모두 저주를 받을 거라는 경고까지 합니다.

루살카는 소원을 이루어 왕자와 함께 왕궁에서 살게 되지만 인간 세상에 말을 하지 못하면서 적응한다는 건 불가능한 일인가 봅니다. 왕자는 곧 싫증을 내고 사랑이 식어 버립니다.

버림받은 루살카는 사람도 요정도 아닌 상태로 허공을 떠도는 신세가 됩니다. 마녀는 요정으로 되돌아올 수 있는 방법은 왕자를 죽여야 한다며 루살카에게 칼을 주지만 그녀는 거절합니다. 잠시 타국의 공주와 사랑에 빠졌던 왕자는 곧 후회하고 루살카를 찾아와 용서를 빕니다. 그와 키스하는 순간 왕자에게는 죽음의 저주가 내림을 알지만, 그를 사랑하는 루살카는 결국 키스를 하고, 왕자는 루살카의 품에서 죽음을 맞이합니다.

DRC 에쎄조

루살카는 요정의 세계에는 존재하지 않은 인간의 위대한 사랑을 찬미하며 요정으로 돌아갑니다.

피노 누아는 프랑스 부르고뉴 지방이 원산지입니다. 부르고뉴 꼬뜨도르(황금의 언덕)에 있는 꼬뜨 드 뉘와 꼬뜨 드 본에서는 피노 누아 100%로 환상적인 레드와인을 만들어냅니다.

보통 밝고 영롱한 루비색이지만, 양조 방식에 따라 다소 흐린 색도 있습니다. 그 마술 같은 양조술로 만들어낸 환상적인 레드와인은 마침

내 누구나 인정하는 세계 최고의 전설이 되었습니다. 보르도와인이 지성을 강조한다면 부르고뉴와인은 감성을 자극합니다.

로마네 꽁띠와 DRC(Domaine de la Romanee Conti) 와인, 도멘 앙리 자이에(Domaine Henri Jayer)의 크로 파랑투(Cros Parantoux)… 이들은 이제 신화가 되어버렸습니다.

너무 고가의 와인이라 마실 기회가 쉽지 않지만, 도멘 필립 파칼레(Domaine Philippe Pacalet), 쥬브레 샹베르탱, 뉘셍 조르주(Nuits Saint-Georges), 샹볼 뮈지니(Chambolle Musigny), 그리고 프리외르 로슈(Prieure Roch) 등 어떤 것을 마시더라도 루살카가 부르는 달님에게 부치는 노래와 같은 서정적이며 신비롭고 환상적인 향과 맛을 느낄 수가 있을 것입니다.

그녀는 나를 사랑하지 않는다

Ella giammai m'amo

– 베르디 '돈 카를로'

역사와 픽션이 섞여 있는 유명 오페라 '돈 카를로(Don Carlos)'는 베르디(Giuseppe Verdi, 1813-1901) 음악 세계의 정수라 할 수 있습니다. 공연시간도 무려 세 시간을 훌쩍 넘기지만 주옥 같은 아리아가 많아서 한 순간도 긴장 없이는 볼 수가 없는 5막의 대작입니다.

아버지 카를로스 5세로부터 절대 왕권을 물려받은 필립 2세는 유럽의 거의 모든 지역을 통치하는 절대 권력자입니다. 역사적 사실은 필립 2세와 첫 왕비 포르투갈 왕녀 마리아 사이에 태어난 돈 카를로(이탈리아 대본)는 프랑스 공주 엘리자베타와 약혼한 사이지만 외교적인 합의에 따라 돈 카를로의 약혼녀는 아버지의 아내가 됩니다. 열렬히 사랑했던 여인이 이제는 어머니가 돼버린 이 현실을 아들은 반항하고 아버지는 두 사람 사이를 의심을 하고 경계를 하게 됩니다.

돈 카를로를 짝사랑한 왕녀 에볼리는 질투심에 돈 카를로와 엘리자베타가 불륜의 관계라고 거짓 증언하여 종교재판에 붙여지는 상황에 이르게 됩니다.

아들 문제를 일단락 지은 필립 2세의 밤늦은 집무실, 모든 것을 가진 절대 권력자라도 여인의 진정한 사랑만은 어쩔 수 없었나 봅니다.

'그녀는 나를 사랑하지 않는다(Ella giammai m'amo)'를 처연하게 부릅니다. 절대 권력자가 아닌 한 남자로서 어쩔 수 없는 처연한 심정을 노래합니다.

섬이라고 하기엔 너무 큰 이탈리아 시칠리아. 마피아의 고향, 작열하는 태양만큼이나 뜨겁고 열정적인 그곳 사람들은 이곳에서는 진하디 진한 토착품종 네로다볼라(Nero d'Avola)로 와인을 만듭니다. 힘 있고 바디감이 넘치는 개성 강한 이 와인은 시칠리아 사람의 기질을 닮았다고도 합니다. 우리 김치와도 어울릴 법합니다. 절대 권력자 필립 2세와 닮은, 강한 것만 기억에 남아서 아쉬운 와인이었습니다.

야구경기에 모두 홈런 타자만 있다면 재미도 없지만 질 확률이 많습니다. 조화가 부족해 세계 명품 반열에는 오르지 못하나 봅니다.

네로다볼라는 나를 사랑하지 않았다!

와인 애호가는 우아하게 나이를 먹습니다

울고 있나요?

Piangete Voio

– 도니제티 '안나볼레나'

도니제티의 오페라 '안나 볼레나'는 1536년 영국 왕 헨리 8세(Henry Ⅷ,극중 엔리코)와 앤 볼린(Anne Boleyn, 극중 안나 볼레나)의 실제 이야기를 바탕으로 도니제티의 절친 펠리체 로마니(Felize Romani)가 대본을 쓴 서정적 비극 오페라입니다.

헨리 8세는 앤 볼린과 결혼하기 위하여 첫 왕비 캐서린과 이혼하고 앤은 왕비가 되고 싶은 야망에 애인 리카르도 퍼시(리차드 퍼시)를 멀리 합니다. 애초부터 문제가 많은 결혼이었습니다.

1막의 시작은 엔리코가 안나 볼레나의 하녀 조반나(제인 시모어)와 격정적인 사랑을 나누는 장면입니다. 엔리코는 안나를 왕비로 맞아들이긴 했지만 리카르도 퍼시 경과의 관계가 마음에 걸려 항상 경계를 하고 있었습니다. 이로 인하여 안나 볼레나와 관계는 멀어지고 지고지순한 그녀의 하녀 조반나를 사랑하게 됩니다. 결국 조반나를 세 번째 왕비로 맞아들이기 위해 안나 볼레나와 리카르도 퍼시의 불륜을 이유로 안나를 단두대 처형을 명령합니다. 안나는 죽기 전 자신의 딸(나중에 그 유명한 엘리자베스 1세)을 껴안고 '내가 태어난 아름다운 성으로 데려다주세요'라며 과거를 회상하는 그 유명한 아리아 '울고 있나요?'

를 열창합니다.

그야말로 처절한 아리아가 아닐 수 없습니다. 죽음을 눈앞에 둔 앤의 심정을 얼마나 잘 그리고 어떻게 표현하는가에 따라 디바의 진가가 나온다고 하겠습니다.

안나 네트렙코(Anna Netrebko)의 빈 국립 오페라하우스 공연을 보며 눈물이 저절로 흘렀습니다. 그녀의 절제된 감성의 연기 때문에….

회한, 미움, 슬픔 그리고 사랑이 교차하면서 바로 이 한 순간 그녀의 뇌리를 스쳐갔을까요? 화려한 의상과 전편에 흐르는 감미로운 선율, 서정성 짙은 이 오페라는 엔리코와 조반나의 결혼을 알리는 팡파르를 들으며 안나가 단두대에서 처형당하는 것으로 막을 내립니다.

나는 늘 와인은 살아있는 생물이라고 말합니다. 실제 그렇고요. 와인과 사랑하게 되면 절대 배신이나 후회가 없다고 단언합니다. 와인의 삶과 그리고 죽음의 의미는 무엇일까요? 오로지 자기를 알아주는 주인을 위한 사랑과 헌신으로 생을 마감합니다.

와인은 병을 여는 바로 그 순간부터 갖고 있는 모든 것을 아낌없이 보여주고 아무런 대가도 바라지 않고 그냥 사라집니다. 그저 오래 기억해주기만을 바라면서….

우리 다 같이 와인과 후회 없는 사랑을 해봅시다. 안나 볼레나가 생각나서 가슴이 아픕니다.

어떤 갠 날

Un bel Di vedremo

– 푸치니 '나비부인' 중

푸치니(Giacomo Puccini, 1858-1924)는 동양의 문화에 관심이 많았나 봅니다. 중국 설화를 바탕으로 한 신비로운 오페라 '투란도트'와 일본 나가사키에 주둔하고 있는 미 해군 장교와 일본 여성의 비련을 다룬 '나비부인(Madame Butterfly)'를 작곡했습니다.

샤또 샤스플린

해군대위 핑커톤(Pinkerton)은 무료한 일상에 현지처가 필요함을 느끼고 가벼운 동거 대상을 찾았습니다. 상대인 나비부인 초초 상은 몰락한 귀족 출신으로 생활고를 해결하기 위해 비록 게이샤가 되었지만 새 삶에 대한 희망을 안고 정식 결혼을 원합니다.

두 사람은 행복한 생활을 하지만 핑커톤에게는 일시적인 쾌락을 위한 동거에 불과했으므로 미국으로 돌아가서 케이트란 여인과 정식결혼을 해버립니다.

나비부인은 그가 돌아와서 행복하게 보낼 나날을 상상하며 아리아 '어떤 갠 날'을 부릅니다.

보르도를 가로지르며 흐르는 지롱드강 좌안은 5대 샤또가 있는 메독 지역이고 우안은 쌩떼밀리옹과 페트뤼스로 유명한 포므롤 지역으로 나뉩니다. 메독 지역의 몰리(Moulis) 와이너리는 샤스 스플린(Chasse Spleen)을 생산합니다. 프랑스 시인 보들레르(Charles Baudelaire, 1821-1867)가 이 와인을 마시고 '슬픔이여 안녕'이란 뜻의 샤스 스플린을 헌정했다지요.

샤스 스플린은 1855년에 선정한 그랑크뤼 등급에는 들지 못했습니다. 당시 등급심사에 신경쓰지 않았거나, 등급 부여에 동의하지 않는, 그렇지만 고품질 와인을 생산하는 와이너리들이 크뤼 부르주아(Crus Bourgeois)라는 조합을 결성했는데 그 중 특별히 우수하다고 생각하는 9개 와이너리를 크뤼 부르주아 엑셉시오넬(Crus Bourgeois Exceptionnels)로 부르게 됩니다. 샤스 스플린은 바로 9개 와이너리 중 하나로, 진한 붉은색을 띠며 체리향과 베리향이 특히 뛰어난 명품을 생산한다는 자부심이 대단합니다.

나비부인은 슬픔은 상상도 하지 않고 행복한 나날을 기대하며 '어떤 갠 날'을 불렀지만 결국 스스로 목숨을 끊어버립니다.

그러고 보니 푸치니의 오페라에는 비참한 최후를 맞는 여주인공이 유독 많네요. 샤스 스플린을 권하고 싶군요.

나의 입술, 너무나 뜨겁게 입맞춤 하네!

Meine Lippen, Sie kussen so heiss

– 레하르 '주디타' 중

프란츠 레하르(Franz Lehar, 1870-1948)가 작곡한 오페레타 주디타(Giuditta)는 스페인 군이 주둔하고 있는 지중해 항구마을이 무대입니다. 옥타비오(Octavio) 대위는 아프리카 북부 스페인 관할지인 모로코로 파견을 앞두고 동료 전우 안토니오(Antonio) 중위와 함께 술집에서 파티를 가집니다. 옥타비오는 술집 가수인 주디타(Giuditta)에게 마음을 빼앗깁니다. 주디타에게 그는 모로코로 가서 새로운 삶을 함께 하자고 제안합니다. 늙은 목수와의 결혼생활에 싫증난 그녀도 지루한 일상에서 탈피하고 싶던 차에 같이 가기로 약속합니다.

모로코에서 두 사람의 꿈 같이 행복한 생활이 계속되지만 반군 토벌 명령으로 옥타비오와 주디타는 헤어지게 됩니다. 옥타비오는 사막에서 반군과 대치하고 있는 가운데서도 두고 온 주디타를 걱정하고 그리워합니다. 그의 군대는 반도들의 공격으로 심한 타격을 받게 됩니다. 한편 주디타는 옥타비오에 대한 그리움을 잊고자 모로코의 알카자르 나이트클럽에서 춤과 노래를 부르며 많은 남성들의 선망의 대상이 됩니다. 여기서 주디타는 춤을 추면서 '나의 입술 너무나 뜨겁게 키스하네'란 아리아를 부릅니다.

샴페인은 프랑스어로 샹파뉴로 발음하지만 이제는 거의 샴페인으로 쓰고 있습니다. 아울러 샹파뉴 지방에서 생산되는 와인만 샴페인이라 부를 수 있게 법으로 정해져 있습니다.

주디타가 춤추며 부르는 이 아리아는 한잔의 황금빛 샴페인에 수없이 피어올라 사라지는 작은 기포를 생각하게 합니다. 흥겹고 아름다운 그녀의 모습에 손님들은 열광하지만 이 장면을 목격하는 옥타비오는 가슴이 찢어집니다. 두 사람의 관계는 샴페인의 포말처럼 끝을 맺습니다. 우주의 광대한 시공 속에서 우리 인간이 유지하는 삶과 누리는 삶의 의미는 샴페인 한 병속에 있는 4,900만개의 포말 중 1개보다도 훨씬 못하다는 생각이 드는군요.

나의 사랑이여…
저 무서운 불길을 보라

Ah, si, Ben mio... Di quella Pira

– 베르디 '일 트로바토레' 3막 중

1853년 로마 아폴로극장에서 초연한 주세페 베르디의 오페라 '일 트로바토레(Il Trovatore)'는, '라 트라비아타(La Traviata)', '리골레토(Rigoletto)'와 함께 베르디 3대 오페라로 일컬어집니다.

아주 매력적인 배역, 집시 여인 아주체나(Azucena)는 자신의 어머니가 마법을 걸어서 백작의 아이를 아프게 했다는 엉뚱한 죄목으로 화형을 당하자 어머니의 복수를 다짐합니다. 아주체나는 백작의 두 아들 중 한 명을 납치해 불에 태워 죽이려 했지만 실수로 자기 아들을 죽이고 맙니다.

그녀는 어쩔 수 없이 훔친 백작의 아들을 바위산 집시촌에서 '만리코'라 부르면서 자기 아들로 키웁니다. 성장한 만리코는 우르겔 공자의 고위 지휘관이 됩니다.

한편 백작의 다른 아들 루나는 아라곤 공자를 섬기며 가문을 이어가고 있습니다. 서로 적대관계인 우르겔 공자와 아라곤 공자의 지휘관이 된 두 사람은 자신들이 친형제인 줄은 꿈에도 모른 채 끔직한 운명을 겪어야 합니다.

두 형제는 레오노라라는 아라곤 공자의 시녀와 삼각관계가 됩니다. 그러나 레오노라의 마음은 만리코에게 있습니다.

만리코가 죽었다는 잘못된 소식을 들은 레오노라가 수녀가 되겠다고 결심하는 순간 갑자기 나타난 만리코의 고백으로 두 사람은 결합하게 됩니다.

3막 끝부분에 만리코가 사랑을 고백하는 아리아 '나의 사랑이여, 저 타오르는 불길을 보라'는 너무나 격정적입니다. 호소력 짙은 테너 목소

프랑스 보르도 5대 샤또

리를 타고 무대에 울리면 누구나 압도당합니다.

보통 사랑 고백은 감미롭고 부드러울 거라 생각하는데, 이렇게 강렬하게도 하는군요.

까베르네 소비뇽은 레드와인의 대표 품종 중 하나입니다. 색깔이 진하고 타닌이 풍부해 와인이 강건한 골격을 형성해주는, 남성적인 와인 품종이라 하겠습니다. 만리코의 격정적인 아리아처럼 강함 속에 부드러움을 간직하고 있는 균형 있는 풍미가 일품입니다.

프랑스 보르도의 5대 샤또를 비롯해서 미국 나파밸리의 컬트와인인 스크리밍 이글, 할란 이스테이트, 오푸스 원 등이 이 품종으로 만들어집니다.

결국 전쟁에서 패한 만리코는 이미 잡혀서 갇혀 있는 아주체나와 함께 구금됩니다. 레오노라는 만리코를 살리려고 루나 백작과 결혼을 전제로 타협하지만 끝내 모두의 불행으로 막을 내립니다.

"만리코: 내게 죽음이란 천국에 먼저 가서 당신을 기다리는 것.

레오노라: 다른 남자의 여자로 사느니 죽음으로 당신 곁에 남겠다.

아주체나: 루나백작! 네가 죽인 만리코는 네 친동생이다. 어머니 복수했습니다!"

남 몰래 흘리는 눈물

Una Furtiva Lagrima

– 도니제티 '사랑의 묘약' 중

'람메르무어의 루치아(Lucia di Lammermoor)', '안나 볼레나(Anna Bolena)'는 도니제티의 대표적인 비극 오페라지만, '사랑의 묘약(L'Elisir d'Amore)'은 희극 오페라입니다.

네모리노(Nemorino)는 별로 가진 것은 없지만 우직하고 순수한 시골청년입니다. 대지주의 딸 아디나(Adina)를 몰래 흠모하지만 감히 말도 꺼내지 못하고 짝사랑만 하는 처지입니다.

한편 가까운 마을의 하사관 벨코레(Belcore)는 적극적으로 아디나에게 청혼을 합니다. 이런 와중에 이 마을로 자칭 저명한 의사라며 돌팔이 약장수 둘카마라(Dulcamara)가 들어와, 사랑의 묘약을 마시면 마음에 있는 여자가 자기를 좋아하게 된다며 허풍치면서 약을 팝니다. 어리숙한 네모리노는 귀가 솔깃해집니다. 네모리노는 벨코레의 부하로 입대하면 받는 보상금까지 털어 이 엉터리 약(싸구려 포도주)을 사서 마십니다. 비싼 돈을 주고 사서 마셨지만 효과가 있을 리가 없습니다. 그러나 이 사실을 안 아디나는 그 정성에 감동 받아 눈물을 흘립니다.

이 모습을 본 네모리노는 약효가 나타나고 있다고 믿으며 아리아 '남 몰래 흘리는 눈물'을 부릅니다.

서정적이고 감미롭기 이를 데 없는 이 아리아는 오페라보다 더 유명해지게 됩니다. 사실 이 희극 오페라 내용과는 어울리지 않아서 주변 사람들이 많이 반대했지만 작곡가 도니제티가 우겨서 넣었다고 합니다.

예술의 세계에는 상식과 전통에서 벗어나는 천재의 고집이 통용되고 예술 애호가는 그것을 존중해줍니다. 그러나 와인을 즐기는 모임에서는 기발나고 괴짜스런 행동이 아니라 전통적이고 상식적인 예절이 분위기를 아름답게 만듭니다. 우리와는 역사와 문화가 다른 와인을 마실 때 꼭 지켜야 할 예절이 분명 존재합니다. 여기서는 와인 자리에 특히 조심해야 할 두 가지만 소개합니다.

첫째, 급하게 마시거나 원샷은 절대 금물! 고급 와인일수록 맛과 향의 스펙트럼이 넓습니다. 한 잔의 와인도 좁게 세분해서 맛과 향을 음미한다면 더 큰 감동을 더 많은 와인의 세계를 느낄 수 있습니다. 천천히 천천히와 더 좁게 더 좁게는 우리를 더 넓고 깊은 와인의 세계로 안내합니다.

둘째, 과도한 향수를 사용하거나 자극적인 화장품 혹은 비누는 주위 사람들에게 불쾌감과 와인 향을 느끼는 데 지장을 줄 수 있습니다. 자기 자신을 가볍게 표현할수록 와인은 그 사람을 더욱 반가워 할 것입니다. 1988년 8월 24일 베를린 도이치오퍼에서 공연할 때 전성기인 루치아노 파바로티가 네모리노 역을 맡아 1시간 7분 동안 무려 167회의 커튼콜을 받아 기네스북에 오르는 기록을 세웠습니다.

마리에타의 노래

Marietta's Lied

– 코른골트 '죽음의 도시' 중

오스트리아 출신의 작곡가 에리히 볼프강 코른골트(Erich Wolfgang Korngold, 1897-1957)는 미국에서 주로 영화음악에 종사했습니다. 멘델스존 이후 최고의 신동으로 평가 받은 그는 열 살 때 구스타프 말러(Gustav Mahler, 1860-1911)로부터 천재라고 극찬을 받았다고 합니다.

이 곡, 마리에타의 아리아는 오페라 '죽음의 도시(Die Tote Stadt)'를 전 세계가 기억하게 만든 곡입니다. 이 오페라는 꿈인지 현실인지 분간 못하고 두 세계 사이에서 혼란을 겪는 파울(Paul)의 이야기입니다. 파울은 얼마 전 죽은, 사랑하는 아내 마리를 잊지 못해 방 안에 그녀의 초상화를 걸어놓고 피폐해가는 나날을 보냅니다.

마치 고려 공민왕이 죽은 노국공주를 잊지 못해 현실감을 상실한 채 몰락해가듯이 말입니다.

어느 날 친구인 프랑크가 죽은 마리를 꼭 닮은 마리에타란 여자를 소개합니다. 그녀는 파울에게 마리가 불렀던 '마리에타의 노래'를 춤과 함께 부르면서 파울을 유혹합니다.

넓은 음역, 호소력이 짙으며 절규하듯 부르는 이 아리아는 가슴이

스크리밍 이글

할란 이스테이트

저미는 감동을 줍니다.

마리에타는 마리와 모습은 닮았지만 생각은 자유분방하여 파울의 환상을 깨뜨리고 맙니다. 현실이 그의 꿈을 지워버린 것이지요. 파울은 죽음의 도시를 떠납니다.

'컬트'는 숭배란 뜻을 가진 라틴어에서 유래합니다. 미국의 와인은 구대륙, 특히 프랑스 와인들로부터 늘 변방 취급을 받았습니다. 1980

년대부터 캘리포니아 나파밸리를 중심으로 미국 와인의 고급화를 꾀하며 고품질, 소량 생산의 컬트와인을 만들자는 움직임이 일어났습니다. 여기에 세계적인 와인 평론가 로버트 파커가 할란 이스테이트 1990년 빈티지에 100점을 주면서 컬트와인이 그 진가를 인정받게 됩니다.

마트 판매를 금지하며 연간 2,000케이스(1 케이스 12병, 스크리밍 이글은 3병) 이내로 생산을 제한하고 소비자 구입가가 250달러를 넘어야 한다는 불문율을 지켜오고 있습니다.

몇 년 전에 스크리밍 이글 2007년 빈티지를 나파밸리 도매상에서 2,550달러에 구입한 적이 있습니다.

마리에타의 아리아 한 곡이 오페라 '죽음의 도시'를 세계인에 각인시킨 것처럼 컬트와인도 미국의 와인을 마니아들의 마음 한구석에 깊이 자리 잡도록 했습니다.

내가 지금 소장한 2007년 빈티지는 미국 와인에 대한 나의 경험과 함께 내 가슴에 사라지지 않을 것입니다. 내가 그것을 비우는 날 이후에도 영원토록.

이 땅이여 안녕

O Terra addio

– 주세페 베르디 '아이다' 중

오페라 '아이다(Aida)'는 1869년 수에즈운하 개통과 카이로 오페라하우스 개관을 기념하여 이집트 정부가 의뢰해 만든 오페라입니다.

이집트는 인접국 에티오피아와 적대 관계에 있습니다. 주인공 아이다는 에티오피아 공주였지만 전쟁의 패배로 포로가 됩니다. 그녀는 신분을 감춘 채 이집트 공주 암네리스(Amneris)의 노예로 지내고 있습니다. 라다메스(Radames)는 능력이 뛰어나 국왕의 신임도 두터운 장군입니다. 공주 암네리스가 그를 흠모하고 있지만, 그의 마음은 노예인 아이다에게 가있습니다. 아이다 역시 그를 사랑합니다.

도우 올드 토니포트

이런 가운데 에티오피아가 다시 전쟁을 일으키지만 라다메스 장군에게 패하면서 아이다의 아버지 아모나스로(Amonasro) 왕도

포로가 되어 이집트로 끌려옵니다.

라다메스와 포로가 된 아버지 사이에서 아이다는 조국 에티오피아와 아버지를 위하여 라다메스로부터 군사기밀을 알아냅니다. 이로 인하여 라다메스는 반역죄로 지하 감옥에 갇히고 죽음을 기다리는 신세가 됩니다. 자진해서 감옥을 찾아온 아이다는 라다메스와 마지막을 함께 합니다. '이 땅이여 안녕'이란 이중창 아리아가 평온히 잠들어가듯 고요하고 신비롭게 흐르는 가운데 이 오페라는 막을 내립니다.

술을 마시고 헤어질 때 아쉬움이 남으면 딱 입가심으로 한잔 더할 때가 있습니다. 와인모임의 이별주가 바로 포트와인(주정강화와인, 알코올도수 최소 20%)입니다. 포르투갈의 와인은 주로 영국으로 수출하는데 그 옛날 항해 기간이 길어서 와인이 상하게 되었습니다. 대책을 강구하던 중 브랜디가 좀 남아있는 통에 넣은 와인은 변질되지 않은 것을 확인하고는 그 후 정상 와인에 브랜디를 5~10% 섞어 운송한 것이 포트와인의 탄생입니다. 상품화에 성공해 오늘날 포르투갈을 대표하는 와인이 되었습니다.

죽음을 앞둔 두 연인의 마지막 이중창 '이 땅이여 안녕'과 와인 모임의 마지막을 장식하는 포트와인은 너무나도 다른 분위기입니다. 하지만 두 사람의 영혼은 저승에서 재회를, 와인마니아들은 다음 기회를 기다리는 설렘은 있을 법합니다.

렌스키의 아리아

Lensky's Aria

– 차이코프스키 '예프게니 오네긴' 중

러시아의 시성 푸쉬킨(Aleksandr Sergeevich Pushkin, 1799-1837)의 동명 서사시를 바탕으로 작곡된 차이코프스키(Piotr Ilyitch Tchaikovsky, 1840-1893)의 오페라 '예프게니 오네긴(Yevgenuy Onegin)'은 대화 전체가 하나의 시로 구성된 것처럼 흘러가는 격조 있는 오페라입니다.

스위스에 머물면서 이 오페라를 작곡한 차이코프스키는 깊은 행복감 속에서 마무리했다고 합니다.

배경은 1700년대 후반 러시아의 시골 장원의 저택 여주인 마담 라리나(Larina)의 두 딸, 언니 타티야나(Tatyana)와 동생 올가(Olga)가 노래를 연습하는 중에 올가의 연인 렌스키(Lensky)와 그의 오랜 친구인 예프게니(Yevgeny)가 방문하면서 오페라는 시작합니다.

경험이 없고 순수한 타티야나는 첫눈에 예프게니에게 마음이 끌려 잠을 못 이룹니다. 이튿날 그녀는 용기를 내 유모를 통해서 예프게니에게 편지를 보내지만 그는 '아직은 그럴 생각이 없다'며 타티야나의 순진한 사랑을 거절합니다.

얼마의 시간이 지난 후 타티야나의 생일파티에서 두 사람은 만나지만 예프게니는 올가에게 무례하고 노골적인 관심을 보이면서 친구인 렌스키로부터 결투 신청을 받습니다. 죽음의 대결을 앞둔 장소에서 친구 예프게니를 기다리며 '렌스키의 아리아'를 부릅니다. 서정적인 리릭 테너의 음색을 만끽할 수 있는 아리아입니다.

예프게니는 친구를 죽였다는 죄책감에 오래토록 외국에 나가 생활하다 친척이자 전쟁 영웅인 그레민(Gremin) 공작의 파티에 참석하게 됩니다. 거기에서 공작의 부인이 된 타티야나를 만나 때늦은 사랑고백을 합니다. 아직도 식지 않은 애정을 가진 타티야나. 그러나 그녀는 고통을 참으며 거절합니다. 예프게니가 회한으로 절규하는 가운데 막이 내립니다.

펜폴즈 그랑지 2008

호주에는 국가 문화재로 지정된 펜폴즈 그랜지란 국보급 와인이 있습니다. 시라즈 품종으로 만들며 로버트 파커가 2008년 빈티지에 100점 만점을 주어 현지에서도 800달러를 주어야 살 수 있습니다.

펜폴즈는 영국에서 이민 온 의사 이름입니다. 고향 영국에 있었던 정원 '그랜지'를 못잊어 호주에서도 그랜지란 정원을 만들고 그 안에서 환자 치료용으로 소규모 와이너리를 운영합니다. 그런데 이를 세계적 와이너리의 반열에 오르게 된 계기는 와인메이커 막스 슈베트가 펜폴즈 그랜지를 만들면서부터입니다. 이 와인은 농익은 자두향과 초콜릿 맛이 일품이며 바디감이 강건하고 전체적으로 균형 잡힌 명품입니다. 기후조건과 토질이 훌륭해도 와인의 명성은 하루아침에 얻어지지 않습니다. 일천한 호주 와인산업은 이 펜폴즈 그랜지가 앞장을 섰습니다.

오페라는 이탈리아에서 생성해 꽃을 피웠습니다. 문화 자원이 아무리 풍부한 러시아일지라도 오페라에서는 한 수 접는 게 현실이지만 '예프게니 오네긴'은 호주의 펜폴즈 그랜지처럼 러시아 오페라로서 세계에 빛나는 존재가 되었습니다.

오 사랑하는 나의 아버지

O mio Babbino caro

– 푸치니 '잔니 스키키' 중

푸치니의 '잔니 스키키(Gianni Schicchi)'는 단테(Dante Alighieri, 1265-1321)의 '신곡' 연옥편에 나오는 에피소드를 바탕으로 쓴 부파 오페라입니다. 이탈리아 오페라로는 처음으로 미국 뉴욕 메츠에서 1918년 초연한 작품입니다.

'오 사랑하는 나의 아버지' 이 한편의 아리아는 아무런 조건이나 이유 없이 오페라란 장르가 연상 되는 곡입니다. 가장 오페라 아리아답다는 말이기도 합니다.

많은 재산을 가졌던 도나티(Donati) 영감은 전 재산을 수도원에 기증한다는 유언을 남깁니다. 그러자 땡전 한 푼도 못 받게 된 친척들은 도나티가 생전에 유언하는 것처럼 잔니 스키키라는 대역을 써서 유언장을 다시 작성하려 합니다. 잔니 스키키는 죽은 도나티 행세를 하며 공증인을 앞에 두고 유언을 하지만 정작 모든 재산을 본인 앞으로 돌려버립니다. 친척들은 이 사건에 대하여 어떤 결과가 나오더라도 지켜야한다는 약속과 어길 시 팔이 잘리고 추방당한다는 서약 때문에 억울하지만 수용하게 됩니다.

잔니 스키키의 딸 라우레타(Lauretta)는 아버지의 횡재를 기뻐합

도미누스

인시그니아

니다. 이제 그녀는 남자친구 리누치오(Rinuccio)와의 결혼을 허락 받기 위해 어떻게든 아버지에게 잘 보이려고 합니다. 이때 그녀는 '오 사랑하는 나의 아버지'를 감미롭게 부릅니다.

미국에는 메리티지 와인(Meritage Wine)이 있습니다. Merit와 Heritage의 합성어인 이 와인의 조건은, 두 가지 이상의 품종을 블랜딩하되 한 가지 품종이 90%를 넘지 않아야 되며, 한 해 생산량이 2만 5,000케이스를 넘지 않아야 되고, 그 와이너리에서 가장 고가거나 두 번째로 비싼 와인이어야 하며, The Meritage Association에 등록하여야 합니다.

메리타지 와인으로는 오푸스 원(로버트 몬다비와 프랑스 무똥 로쉴드와 합작), 도미누스(도미누스 에스테이트), 인시그니아(조셉 펠프스), Cask23(스테그스 립스) 등이 있습니다. 이들은 컬트와인에 필적하는 미국의 대표 와인들입니다.

그러나 그들이 아무리 훌륭하다고 해도 아리아 중의 아리아로 평가받는 천상의 오페라라는 느낌까지 주는 '오 사랑하는 나의 아버지'가 오페라를 대표하는 지위에는 미치지 못한다고 하겠습니다.

하바네라

Habanera

– 조르쥬 비제 '카르멘' 중

조르쥬 비제(Georges Bizet, 1838-1875)의 카르멘(Carmen) 1막의 무대는 세비야의 담배공장 앞 광장. 여기에 기병들이 주둔해 있고 공장 여공들은 휴식시간 중에 나와서 군인들과 웃고 떠들고 잡담을 하고 있습니다.

샤또 디켐 2001

이들 중 단연 돋보이는 여자는 카르멘이라는 집시. 사랑은 길들여지지 않는 한 마리 작은 새라며 유명한 아리아 '하바네라'를 부릅니다.

관능적이고 열정적이며 자유분방함을 발산하는 카르멘, 그녀는 가히 팜므파탈(Femme Fatal)의 원조라 해도 무방할 것입니다. 이 집시여인의 강렬한 유혹의 몸

짓에 굴복해 버린 군인 돈 호세(Don Jose)는 청순가련형의 약혼자 미카엘라(Micaela)를 멀리하게 됩니다.

길들여지지 않은 여인 카르멘은 결국 호세를 버리고 멋진 투우사 에스까미요(Escamillo)의 연인이 됩니다. 격분한 돈 호세는 투우장에 들어가려는 카르멘을 미친 듯 칼로 찔러 죽입니다. 그리고 그 위에 쓰러지면서 '오 내 사랑 카르멘'을 외치면서 막을 내립니다.

이처럼 고혹적인 매력으로 우리에게 접근하는 와인들을 경험한 적이 있습니까? 샤또 디켐은 세미용 품종으로 만들어진 자타가 공인하는 세계 최고의 후식와인입니다. 내 경험으로는 로버트 파커가 100점 만점을 준 2001년 빈티지를 마셨을 때 그 여운이 일주일 동안 입안에 감도는 것을 느낄 수 있었습니다. 새콤함을 미처 느끼기도 전에 이내 꿀처럼 달콤한 맛이 미뢰를 유혹합니다. 마치 카르멘의 몸짓을 담은 하바네라의 멜로디처럼.

파파게노와 파파게나의 이중창

Duet Papageno & Papagena

– 모차르트 '마술피리' 중

많은 음악 전문가들은 모차르트(Wolfgang Amadeus Mozart, 1756-1791)의 3대 오페라로 피가로의 결혼(Le Nozze di Figaro), 돈 조반니(Don Giovanni), 그리고 코지 판 투테(Cosi fan Tutte)를 꼽지만 마술피리(Die Zauberflöte)를 코지 판 투테 대신 넣기도 합니다.

마술피리는 모차르트가 죽기 직전 완성된 작품입니다. 흥행에 성공하지만 정작 모차르트는 그 영광을 누리지 못하고 세상을 하직합니다.

내용은 철학자 자라스트로(Sarastro)가 지배하는 빛의 세계와 이에 맞서는 밤의 여왕이 지배하는 어둠의 세계 사이에서 일어나는 동화 같은 이야기입니다.

이탈라아어로 쓰여진 다른 세 오페라와는 달리 이 오페라는 징슈필(Singspiel, 대사가 들어 있는 독일어 노래극)입니다. 밤의 여왕으로부터 마술피리를 받은 타미노(Tamino) 왕자를 중심으로 이야기가 전개되며 모차르트 특유의 재치와 익살이 더해지도록 춘향전의 방자와 향단이 같은 새잡이 파파게노(Papageno)와 그의 반려자 파파게나(Papagena)를 등장시킵니다. 재미와 익살 그리고 스릴 넘치는 볼거리가 많은 오페라입니다.

로제와인은 그르나슈(Grenache), 무르베드르(Mourvedre), 쌩쏘(Cinsault) 등의 포도품종으로 만듭니다. 더운 여름에 차게 해서 마시면 그 맛이 일품입니다. 특히 프로방스의 태양이 만들어 낸 로제와인은 연인과 마주 앉아 마시기에는 더할 나위 없이 로맨틱합니다. 색깔이 주는 느낌이 로맨틱하고 밝아서 파파게노와 파파게나의 이중창이 바로 로제와인을 닮았네요. 두 사람이 주거니 받거니 흥겹게 사랑을 풀어 가는 장면은 로제와인을 앞에 두고 밀어를 속삭이는 연인들의 모습을 연상케 합니다. 뜨거운 여름 그립고 보고 싶은 사람과 시원한 로제와인 한 잔 어떠세요? 이 오페라의 해피엔딩처럼….

예술에 살고 사랑에 살고

Vissi d'Arte, vissi d'Amor

– 푸치니 '토스카' 2막 중

푸치니의 오페라 '토스카(Tosca)'는 한 여인의 비극적 운명을 다룬 작품인데, '토스카'란 그 주인공의 이름으로 극중 인기 있는 오페라 가수입니다. 아름답고 열정적 여인이지요. 나폴레옹이 이탈리아를 침공하여 공화국을 세우지만 나중에 그의 세력이 약해지자 기존 왕당파가 득세 하면서 공화파를 밀어냅니다. 비밀경찰, 고문과 살인, 그리고 배반 등 살벌한 내용이 등장하지만 음악 자체는 푸치니 특유의 서정성 짙은 멜로디가 가득합니다.

프리외르 로슈

극중 토스카의 아리아 '예술에 살고 사랑에 살고'는 여주인공의 유일한 아리아입니다. 그녀는 쫓기고 있는 공화파 친구 안젤로티(Angelotti)를 숨겨준 죄목으로,

고문을 받으며 죽음을 앞에 둔 연인 화가 카바라도시(Cavaradossi)를 살려야만 합니다. 이 아리아는 그의 석방에 대한 조건으로 자신의 육체를 요구하는 경시총감 스카르피아(Scarpia) 앞에서 내뿜는 한탄과 절규입니다.

토스카는 끔찍하고 절망적인 순간에 사랑하는 사람을 위해 자신을 버리는 순정파이며, 스카르피아를 칼로 찔러 죽이는 격정과 대담함을 지닌 여인이기도 합니다.

토스카를 닮은 와인이 있습니다. 프리외르 로슈(Domain Prieure Roch)입니다. 부르고뉴 본 로마네에 소재한 와이너리에서 100% 피노 누아로 만듭니다. 우리가 돈이 있어도 쉽게 접할 수 없는 DRC 와인의 맛과 향을 가장 가깝게 느낄 수 있는 명품이 아닐까 합니다.

섹시하면서 도도한 자연의 향기, 천연효모의 유기농 재배, 오크통 숙성 후 여과와 정제 없이 바로 병입하여 생겨나는 진한 과일의 폭발적인 향기와 피노 누아답지 않은 진한 농축미, 타닌 등 이 모든 것이 이 와인의 우아함을 만들어내어 하루가 지나도 그칠 줄 모르고 맛과 향이 피어납니다. 또한 이집트 상형문자를 연상시키는 문양의 캐릭터를 통해서도 당당하게 자신을 과시합니다.

토스카는 순수하고 우아한 여인이지만 때로는 격정적이고 도전적인 면도 있습니다. 프리외르 로슈 또한 토스카의 캐릭터와 비슷해 보입니다.

나는 이 거리의 제1인자

Largo al Factotum della Citta

– 로시니 '세비야의 이발사' 중

벨칸토 오페라의 한 시대를 풍미한 3인방은 로시니(Gioacchino Rossini, 1792-1868), 도니제티(1797~1848)와 벨리니(Vincenzo Bellini, 1801-1835)입니다. 로시니의 세비야의 이발사(Il Barbiere di Siviglia)는 전 2막의 코믹 오페라입니다.

피가로(Figaro)는 낙천적이고 명랑하고 긍정적인 성격을 지닌 세비야 거리의 이발사입니다. 알마비바(Almaviva) 백작은 이 마을에 사는 아름답고 돈 많은 여자 로지나(Rosina)에게 마음이 끌려서 사랑을 고백하고 싶지만 그녀의 후견인인 의사 바르톨로(Bartolo)의 감시 때문에 접근조차도 못하고 애만 태우고 있습니다. 그러나 수완 좋은 만능 재주꾼인 친구 피가로의 도움으로 사랑을 차

샤또 라뚜르

지한다는 해피엔딩.

'나는 이 거리의 1인자'는 피가로의 아리아로 그의 재치와 발랄함을 잘 표현하고 있습니다. 먼저 작곡된 모차르트의 '피가로의 결혼'은 로시니 '세비야의 이발사'의 후편 이야기입니다.

샤또 라뚜르(Latour)는 보르도의 1등급 5대 샤또 중 하나입니다. 그 중에 가장 파워가 있고 남성적인 숙성으로 수명이 긴 것으로 유명합니다. 50년 숙성에도 견딜 명품답게 색상이 짙고 타닌이 풍부하며 검은 과실의 응축감이 도도하게 깊은 맛을 냅니다.

피가로가 세비야 거리에서 부른 '나는 이 거리의 1인자'를 샤또 라뚜르가 보르도 뽀이약 마을의 많은 유명 와이너리를 옆에 두고 자신있게 부르는 것 같습니다.

라 뚜르 1998 빈티지를 너무 오래도록 보관한 것 같아서 아깝지만 오픈해서 시음했건만, 웬걸 입천장이 타닌으로 코팅되는 듯 한 느낌을 받았습니다. 후회막급! 한참 후에 마실 걸…. 하지만 강렬한 힘과 원숙한 깊이가 오래도록 풍부한 여운으로 남아 행복했습니다.

사랑의 산들바람은

Un Aura amorosa

– 모차르트 '코지 판 투테' 중

'여자는 다 그래'라는 뜻의 코지 판 투테(Cosi fan Tutte)는 모차르트의 3대 오페라로 작품성도 뛰어나지만 흥행에서도 성공한 작품입니다. 대본을 쓴 로렌조 다 폰테(Lorenzo da Ponte)의 역량이 거의 절대적인 성공 요인입니다. 피가로의 결혼, 돈 조바니의 대본도 쓴 로렌조 다 폰테는 피가로의 결혼에 나오는 대사, "여자들은 다 그래"를 새 오페라의 제목으로 쓴 것입니다.

샴페인 크리스탈

오보에의 아름다운 선율을 시작으로 오페라는 막이 오릅니다. 18세기 나폴리를 무대로 피오르딜리지(Fiordilligi)와 도라벨라(Dorabella) 자매는 각각 굴리엘모(Gulielmo)와 페란도(Ferrando)라는 젊은 장교와 연인 관계

에 있습니다. 어느 날 그 장교들의 친구인 철학자 알폰소(Alfonso)는 이 세상에서 믿을 수 없는 것 중 최고는 '바람 같은 여자의 마음'이라며 냉소적인 속내를 드러냅니다. 그러나 굴리엘모와 페란도는 자신들이 사랑하는 두 여자만은 절대 변심하지 않는다고 장담하면서 두 여자의 정절을 담보로 내기를 하면서 벌어지는 로맨틱 코미디 오페라입니다.

여기에 페란도가 부르는 감미로운 러브 송 '사랑의 산들바람은'이란 아리아가 나옵니다.

"내 사랑은 내겐 향기로운 꽃이요, 놀라운 힘으로 날 위로해주네
너무나 아름답고 달콤한 그 매력 언제나 영원하리
내 가슴에는 변함없는 사랑이 움트고 있죠."

루이 뢰더레(Louis Roederer)는 프랑스 샹파뉴에서 꽤 역사가 깊은 샴페인 와이너리입니다. 러시아 황실과 거래하면서 크리스탈(Christal)이란 명품 샴페인을 만듭니다.

우아한 크림 질감에 풍부한 미네랄향, 여기에 복합적인 과일향이 더해져 바디감이 균형있으며 작은 기포들이 잔잔하게 끊임없이 피어오릅니다. 여기에 더 해 사랑하는 여인의 속살처럼 크리스탈은 샴페인이란 와인을 가장 아름답게 표현했다고 평가받고 있습니다. 다른 곳에서 찾을 수 없는 무색의 병은 이 와인을 더욱 돋보이게 하네요(러시아 황실에서 보안상의 이유로 흰색 병에 담을 것을 요구했답니다).

리릭 테너가 부르는 감미로운 아리아 '사랑의 산들바람은'은 샴페인 크리스탈에게 불러줘도 전혀 이상하지 않을 것 같습니다.

정결한 여신이여

Casta Diva

– 빈센초 벨리니 '노르마' 중

벨리니(Vincenzo Bellini, 1801-1835)의 명작 오페라 '노르마(Norma)'는 로마 지배하에 있던 갈리아 지방이 무대입니다. 기원전 갈리아(현재 프랑스 부근)지방의 드루이드족은 로마군에 부임한 폴리오네(Pollione) 총독에 대항하여 생존을 위한 투쟁을 해야 할 처지입니다. 이 부족의 여사제 노르마(Norma)는 사제로서 지켜야 할 정절과 직분을 망각하고 침략자의 총독인 폴리오네와 사랑에 빠져 그 사이에 두 아들까지 두게 됩니다.

드루이드족은 총독의 압정에 반란을 일으키자고 하지만 노르마는 부족의 운명과 사랑 사이에서 갈등하며 쉽게 결정을 내리지 못합니다.

사제이기 전 한 여인으로, 두

퍼플엔젤

아이의 어머니로서의 고뇌를 이 아리아에서 서정적 아름다움과 함께 드라마틱한 열정으로 토로합니다.

"순결한 여신이여, 당신은 은빛으로 물들입니다. 이 성스러운 고목을 은빛으로 빛나게 하네." 노르마가 달을 보면서 부르는 이 장면에서 신성함과 신비스러움까지 느껴집니다.

퍼플엔젤(Purple Angel)은 칠레에 있는 몬테스 와이너리에서 까르미네르 품종으로 만든 와인입니다. 에티켓에 보라색 천사가 그려져 있는 이 와인은 진한 보랏빛만큼이나 내면에 많은 것을 숨기고 있습니다. 착한 이미지의 천사와는 반대로 진한 베리향과 자두향, 농밀하고 부드러운 타닌이 온갖 다른 모습을 감추고 있습니다. 여사제 노르마 같이 말입니다.

비가 오는 날, 퍼플엔젤의 유혹은 뿌리칠 수 없을 만큼 치명적이라 하겠습니다.

뮤제타의 왈츠

Musetta's Waltz

- 푸치니 '라보엠' 중

BDM 바르비

라보엠(La Bohème)은 보헤미안, 즉 시와 예술을 사랑하고 젊음과 인생을 즐기며 자유분방하고 낭만적인 생활을 하는 집시를 말합니다. 슬프지만 감미롭고 아름다운 비극 오페라입니다. 비록 가난하고 가진 것 없는 보헤미안들의 이야기지만 우정, 사랑, 그리고 의리가 있는 그들의 이야기는 진한 감동이 있습니다. 특히 유명한 아리아 '그대의 찬 손'에서 로돌포(Rodolfo)가 촛불을 빌리러 온 이웃 아가씨 미미(Mimi)에게 자신을 시인이라고 소개합니다.

"가난한 생활이지만 시와 사랑의 노래라면 임금님처럼 사치스럽습니다. 꿈과 환상으로 하늘에 그린 궁전에서 마음만은 부자처럼 살아갑니다" 하면서 '지금 내 꿈은 이인조 도둑, 당신의 두 눈이 빼앗아 갔지만 그래도 희망은 두고 갔기에 조금도 슬프지 않다'라고 사랑을 고백하는 대목은 예술을 잘 모르는 보통 사람들에게도 깊은 감명을 줍니다.

파리 라탱 지구의 한 낡은 아파트 다락방에 네 명의 가난한 예술가 친구들이 함께 살고 있습니다. 크리스마스 이브! 시인 로돌포와 화가 마르첼로(Marcello)가 추위에 떨며 이야기를 나누고 있는데 음악가 친구 쇼나르(Schaunard)는 아르바이트로 돈을 벌었다면서 함께 한잔하러 가자고 제안합니다. 친구들은 카페 모뮈스에서 크리스마스 이브를 즐기고 있습니다. 여기서 화가 마르첼로는 늘 그리워하던 뮤제타(Musetta)를 만나지만 끼 많은 그녀 옆에는 돈 많은 노인네 알친도로(Alcindoro)가 있습니다. 서로는 눈빛만 주고받을 뿐! 이때 뮤제타는 알친도르를 심부름을 보내 떨쳐 버리고 춤을 추며 "내가 혼자 거리를 걸어가면 사람들이 모두 멈춰 서서 아름다운 내 모습을 쳐다봅니다. 머리끝에서부터 발끝까지"라며 '뮤제타의 왈츠'를 부르며 마르첼로에게 접근합니다.

뮤제타의 왈츠는 'Don't You Know?'라는 제목의 팝송으로 편곡되어 많은 사람들의 사랑을 받기도 했습니다.

바르비는 이탈리아 와인의 양대 산맥의 하나인 토스카나에서 산지오베제 품종으로 만든 부르넬로 디 몬탈치노입니다. BDM은 이탈리아를 대표하는 고가와인들이지만 바르비는 가격 대비 우수한 와인입니다. 끊임없이 피어오르는 향에 빠지면 곧 혀에서 조여 주는 맛에 빠지게 됩니다. 최고 명품 반열의 와인은 아니지만 뮤제타의 왈츠처럼 당당하고 자신감이 넘치는 와인입니다.

개인적으로 가장 좋아하는 와인 중 하나입니다.

배신자

Eri tu che macchiavi

– 베르디 '가면무도회' 중

가면무도회(Un Ballo in Maschera)는 정치적 음모와 사랑을 그린 베르디 오페라의 걸작입니다. 특유의 감미롭지만 위엄이 느껴지는 서곡이 울려 퍼지면서 보스턴 주지사인 리카르도(Ricardo)의 저택 앞에 모인 군중들은 그의 업적을 찬양합니다. 다른 한편 일부 귀족들은 불평하면서 그를 제거해야 한다며 복수를 다짐합니다.

도우 토니포트

주지사 리카르도는 곧 있을 가면무도회 참석자 명단을 시종 오스카(Oscar)로부터 보고를 받고 거기에 아멜리아(Amelia)가 들어 있음을 무척 기뻐합니다. 아멜리아는 주지사의 충직한 비서 레나토(Renato)의 아내입니다. 주지사는 부하의 아내지만 아름다운 아멜리아를 사모하고 있었습니다. 아멜리아 또한 미래를 내다보는 점쟁이 울리카(Ulrica)에게 리카르도를 흠모하고 있다고 고백했는데, 이를 리카르도가 엿듣게 됩니다.

서로의 마음을 확인한 두 사람이 만나는 것을 반대파 귀족들이 숨어서 목격합니다. 이 사실을 전해들은 레나토는 배신감과 증오심을 이 아리아 '배신자'로 격렬하게 토해냅니다.

발효 중인 와인에 브랜디를 첨가하여 주정을 강화한 포트와인이 있습니다. 이 와인은 포르투갈에서 일반와인을 수출하면서 변질되는 것을 막기 위해 알코올 도수를 높여서 만들어낸 세계 최상의 주정강화와인으로 정평이 나있습니다. 스위트하지만 20°가 넘는 알코올은 흥분되거나 해서 가슴이 뛸 때 진정시키는 마법이 있습니다.

팔리아치(Pagliacci)의 카니오(Canio)는 아내 넷다(Nedda)의 불륜 장면을 목격하면서도 어쩔 수 없는 현실 때문에 무대에 올라가서 연기를 해야 하는 자신의 처지를 '의상을 입어라'라는 아리아로 절규합니다.

정말 대단한 아리아들입니다. 두 주인공에게 포트와인을 권하고 싶습니다.

산들바람은 불어오는데/편지의 이중창

Sull' Aria

– 모차르트 '피가로의 결혼' 중

가장 좋아하는 한 편의 오페라 아리아를 꼽으라면 무엇을 선택하시겠습니까? '소피의 선택'과 같이 힘든 일이 아니니 한번쯤 생각해보는 것도 괜찮을 것 같습니다. 나는 주저 없이 피가로의 결혼(Le Nozze di Figaro)의 '편지의 이중창'을 꼽겠습니다. 알마비바(Almaviva) 백작을 골탕 먹이기 위하여 백작부인 로지나(Rosina)와 하녀 수잔나(Suzanna)가 백작에게 보내는 편지 내용을 이중창으로 부릅니다.

샤또 슈발블랑

재미도 있지만 뛰어난 예술성에 부드럽고 감미롭기가 이를 데 없어 천상의 음악이란 생각이 들기 때문입니다. 영혼의 자유로움이 느껴지기도 하네요. 이 음악이 흐르는 영화 '쇼생크 탈출'의 그 장면은 말 그대로 감동입니다. 흔히들 베토벤의 음악이 지상에서부터 쌓아올린 인간 승리의 감동을 준다면 모차르트 음악은 천상으로부터 내려오는 아름다운 감동이 있다고 합니다.

와인 마니아들에게는 좀 잔인하긴 하지만 가장 좋아하는 와인을 꼽으라면 엄청 망설여질 겁니다. 그러나 나는 슈발블랑입니다. 보르도를 관통하는 지롱드강 오른쪽의 쌩떼밀리옹 마을에 있는 샤또 슈발블랑 와이너리는 1862년 런던 품평회와 1878년 파리 품평회에서 금상을 수상하여 유명해집니다. 그때 수상한 금메달은 오늘날까지 와인 에티켓에 사용하고 있습니다.

전문가들의 극찬이 있기도 하지만 이전에는 도저히 경험할 수 없었던 기막힌 향, 카베르네프랑과 메를로의 완벽한 조화는 가히 천상의 하모니라고 할 수 있습니다. 마치 '편지의 이중창'처럼….

심미주의 와인 애호가의 세계를 그린 영화 '사이드 웨이'에서 주인공이 애지중지하는 와인이 1961년산 슈발블랑입니다.

영화 주인공은 입버릇처럼 특별한 날에 오픈하겠다고 하지만 상대 여자는 오픈하는 날이 특별한 날이라고 말합니다. 실연을 하고나서 결국 햄버거 가게에서 종이컵에 따라 마시는 장면은 아이러니의 극치입니다. 쇼생크의 감옥에서는 흉악범들에게 '편지의 이중창'으로 영혼의 자유로움이 전달됩니다. 어울릴 것 같지 않을 장면들이 서로 기막힌 하모니를 이루고 있습니다.

토스카에서 화가 카바라도시(Cavaradossi)가 부르는 아리아 '오묘한 조화(Ricondita Armonia)'가 생각나네요.

그대 손을 잡고

La ci darem la Mano

– 모차르트 '돈 조반니' 중

희대의 호색한 돈 조반니(Don Giovanni)는 체를리나(Zerlina)라는 하녀의 결혼식 날, 그녀에게 자기와 함께 하면 팔자를 고쳐주겠다며 음흉하게 그녀의 손을 잡고 수작을 겁니다. 이 장면에서 나오는 아리아가 '그대 손을 잡고'입니다.

여자는 모두 그런 건지 체를리나 역시 귀가 솔깃해져 의심하면서도 마음이 흔들립니다. 약간 촌스럽지만 귀엽기도 하네요. 나중에는 신랑이 될 농부인 마세토(Masetto)에게 혼쭐이 나지만 본능적인 애교와 관능미로 그 위기를 벗어납니다.

이 오페라는 다양하고 특색 있는 캐릭터의 경연장이기도 합니다. 누가 주인공인지 모를 정도로 각각의 배역이 모두 특색 있고 비중

키안티 폰토디

또한 크다고 하겠습니다.

이탈리아 4대 와인 생산지 중 하나인 토스카나의 키안티 클라시코 지역 해발 500m에 위치한 판자노(Pansano) 마을에는 폰또디(Fontodi)란 와이너리가 있습니다. 이곳 20여 와이너리 중 최고의 와인을 생산하고 있습니다. 유기농 인증을 받은 자연친화적인 포도밭에서 플라치아넬로 델라 피에브(Flaccianello della Pieve)를 만들고 있습니다. 산지오베제의 고급화라 할 수 있습니다.

촌스럽게 만들었지만 그 향과 맛은 엄마의 손맛처럼 편안하고 향수를 느끼게 합니다. 어두운 루비 컬러에 베리 체리와 허브의 복합적인 향 그리고 부드러운 산미는 이탈리아를 대표하는 수많은 와인 중 가장 이탈리아다운 와인일 겁니다.

가격 대비 품질이 우수하다는 것만으로도 넉넉한 시골 인심을 느낄 수 있습니다. 토속 품종인 산지오베제 그리고 산지오베제가 자라는 테루아에서도 이탈리아의 시골 냄새가 듬뿍 묻어나는 키안티라는 생각을 하게 됩니다. 체를리나를 닮았네요.

그리운 그 이름

Caro nome

– 베르디 '리골레토' 중

리골레토(Rigoletto)는 만토바(Mantova) 공작 밑에서 웃음을 팔면서 광대로 살고 있습니다. 그는 공작의 심한 여성편력에도 아첨과 충성으로 협조합니다. 하지만 주위 가신들로부터는 심한 질시와 미움의 대상이 됩니다. 그러나 그것은 공작에 대한 그의 절대적 충성과 맹목적 복종에 문제가 되지 않습니다.

그에게는 질다(Gilda)라는 순수하고 때 묻지 않은 심성을 가진 딸이 하나 있습니다. 질다는 우연한 기회에 착한 고학생 신분으로 위장하여 접근한 만토바 공작에게 그만 마음을 빼앗깁니다. '그리운 그 이름' 아리아는 호색한 만토바를 그리워하면서 부르기엔 참으로 아까운 노래지만 너무나 서정적이고 감미로워서 그녀의 청순하고 아름다운 자태와 잘 어울립니다.

몽라셰(Montrachet)는 부르고뉴 지역의 꼬뜨 드 본에 위치한 그랑 크뤼 포도밭에서 생산되는 엄청 유명한 화이트와인입니다. 로마네 꽁띠(Romanee Conti)를 생산하는 DRC의 몽라셰는 가히 세계적인 와인이라 하겠습니다.

“어린 시절의 나는 새하얗고 깨끗한 모래를 작은 손으로 퍼서 성을 쌓고 있었다. 이윽고 석양이 하늘과 바다를 덮었다. 어린 시절의 나의 주변이 황금색으로 물들어 갔다. 그 색은 뭔가와 꼭 닮았다. 그것이 몽라셰의 빛이란 것을 나는 한참 후에야 깨달았다.”

일본 작가 무라까미 류가 『와인 한잔의 진실』이란 책에 쓴 몽라셰 평입니다. 나는 마셔보지 않은 와인이지만 아마도 샤르도네 품종 특유의 우아하고 섬세한 맛이 ‘그리운 그 이름’과 연관이 있을 것 같네요.

날개를 펴고 하늘로 간 그대여

Tu che a Dio spiegasti l'Ali

– 도니제티 '람메르무어의 루치아' 중

람메르무어가의 엔리코(Enrico)는 몰락해가는 가문을 살리기 위해 여동생 루치아를 부유한 귀족 아르투로(Arturo)와 결혼을 시키려고 합니다. 하지만 루치아는 이미 자신의 목숨을 구해준 원수의 집안인 에드가르도(Edgardo)와 사랑하면서 장래를 굳게 약속한 사이입니다. 결국 정략결혼은 이루어지지만 그녀는 첫날밤에 신랑을 찔러 죽이고 피로 물든 잠옷차림으로 그 유명한 '광란의 아리아'를 부릅니다. 이제 오페라는 절정에 이릅니다.

이 곡은 소프라노들의 가창력과 연기력을 비교 할 수 있는 시금석이라고 할 만큼 고난도의 아리아입니다. 노래가 끝나고 루치아는 죽음을 맞이합니다.

한편 이 소식을 접한 에드가르도는 충격으로 죽음을 선택합니다. 자결 직전 이승에서 마지막으로 부르는 '날개를 펴고 하늘로 간 그대여'를 가슴이 저미도록 애절하게 부르며 죽어갑니다.

선혈이 낭자한 소름 끼치는 비극이지만 벨칸토 오페라 시대의 도니제티는 슬픔도 분노도 광기마저도 우아하고 서정적인 멜로디로 승화시킵니다.

와인의 일생은 어떨까요? 조용히 잠자고 있던 와인은 오픈되는 순간부터 잠에서 깨어나서 주인을 위해 자기의 모든 것을 보여주면서 생을 마감합니다.

와인과 사랑을 나누면 절대로 실망하지 않을 것 같습니다. '날개를 펴고 하늘로 간 그대여'를 부르며 죽어간 에드가르도의 심정으로 와인은 생을 마감하는 것 같습니다.

의상을 입어라

Vesti la Giubba

– 레온까발로 '팔리아치' 중

베리스모(Verismo)는 1875년부터 95년까지 이탈리아에서 일어난 문학운동으로 우리말로는 사실주의, 현실주의라 할 수 있습니다. 문학의 베리스모는 곧 오페라로 번져, 일상적인 삶을 살아가는 보통사람들의 이야기를 다룬 베리스모 오페라가 유행합니다. 그 베리스모 오페라의 큰 획을 그은 작품이 루지에로 레온까발로(Ruggiero Leoncavallo, 1858-1919)의 '팔리아치(Pagliacci)'입니다. 팔리아치는 광대란 뜻으로 이 오페라에서는 광대들의 애환을 통해 우리 모습과 우리 주변의 실상을 되돌아보게 하는 이야기가 펼쳐집니다.

아내의 불륜장면을 목격한 유랑극단 팔리아치의 단장인 카니오(Canio)는 약속된 공연무대 때문에 분노와 슬픔을 억제하면서 그 유명한 아리아 '의상을 입어라'를 처절하게 부릅니다.

광대의 슬픔과 눈물은 믿지 말라고 하지만 현실과 다른 무대에서 연기하기 위해 분장하고 의상을 갈아입는 것이 어찌 팔리아치들만의 일이겠습니까? 우리의 삶이 매일 매일 의상을 갈아입으면서 지내는 인생이 아니던가요!

유명 와이너리에서는 세컨드 와인을 출시하고 있습니다. 세컨드 와인이 공식 분류 명칭이 아니지만 일상적으로 그렇게 부릅니다. 명품 와이너리의 명성을 이용한 판매 전략이 구매자의 욕구와 맞아떨어진다는 사실이 그 생산 배경입니다. 고가에 구하기도 쉽지 않은 명품 와이너리에서 판매하는 1등급 와인에 비해 세컨드 와인은 적당한 가격과 신뢰할 수 있는 품질 때문에 대리 만족할 수 있다는 기대감을 주기도 합니다.

수령이 어리거나, 새로 구입한 인근 밭에서 수확했다거나, 그리고 작황이 나빠서 그랑크뤼급으로 적당하지 않다고 판단될 때 포도는 세컨드 와인으로 제조됩니다.

무똥 로쉴드의 '르 쁘띠 무똥 로쉴드', 샤또 라뚜르는 '레 포르드 라뚜르', 샤또 마고는 '파비용 루즈 드 샤또 마고' 등의 세컨드 와인이 유명합니다.

세컨드 와인은 마치 계급사회에서 정통성을 인정받지 못하는 서출 신분과 비슷하지만 가끔 권위 있는 와인 품평기관으로부터 높은 점수를 받곤 합니다.

오늘도 세컨드 와인은 2등의 서러움을 떨쳐 버리려고 '의상을 입어라'를 부릅니다. 1등이 아닌 현실의 분노와 슬픔을 안고 또 다른 약진을 위하여 그들은 존재합니다.

아 그대였던가?

Ah forse é lui sempre libera

– 베르디 '라 트라비아타' 중

샤또 뽕떼까네

순수한 귀족청년 알프레도(Alfredo)와 파리 사교계의 노련한 밤의 여왕 비올레타(Violetta)와 어울릴 것 같지 않은 위험한 사랑이야기가 베르디의 오페라 '라 트라비아타(La Traviata)'입니다.

비올레타의 파티에 참석한 알프레도는 첫눈에 그녀에게 마음을 빼앗깁니다. 결국 알프레도의 지극한 구애가 진실임을 알게 된 비올레타는 그 사랑을 받아들여야 할지 말지를 심각하게 고민하게 됩니다. 한번도 느껴보지 못한 순수한 사랑의 기쁨과 거기에 수반하는 불행에 가슴 조이면서 깊이 사무치는 감정을 억제하지 못하고 토해내는 '아 그대였던가?'는 소프라노 아리아의 진수를 보여주고 있습니다.

화려하되 사치스럽지 않고, 지적이면서 균형 잡힌 감성, 거기에 더하여 내면에 흐르는 섹시함과 그리움이 절절한 아리아입니다. 이 아리아를 닮은 와인이 있습니다.

뽕떼 까네(Pontet Canet)는 보르도 뽀이약 마을에 무똥 로쉴드 와이너리와 이웃하고 있는 그랑크뤼 5등급 와이너리입니다. 빈티지 2006년은 한때 우리 집 하우스와인으로 많은 사람의 사랑을 받았지만 주위에 인심을 후하게 쓰다 보니 어느덧 바닥이 났는지 찾을 수가 없었습니다. 어느 날 와인 셀러를 정리하던 중 2006 빈티지가 구석에서 우연히 발견했을 때의 그 감흥이란… 비올레타가 부르는 '아 그대였던가?'와 같은 심정이었습니다.

물론 고가의 와인은 다 훌륭한 맛과 향을 지녔지만 우리가 쉽게 접근할 수 없는 게 현실입니다. 그러나 2006 빈티지 뽕떼 까네는 그리 어렵지 않게 접근할 수 있는 와인 중 흔치 않은 와인입니다.

세련된 바디감, 잘 익은 탄닌, 끊임없이 피어오르는 향, 그리고 까쇼 특유의 파워풀한 와인입니다. 거기에 부족함 없는 균형미까지 나무랄 데 없는 매력입니다.

평론가 로버트 파커의 95점이라는 높은 평가도 그 가치를 더해줍니다.

이런 아리아와 와인을 닮은 사람이 내 주위에 와인 친구로 있습니다. 오래 함께 하겠지만 나를 위해 '아 그대였던가?'를 불러준다면 더욱 좋겠다는 꿈을 꾸어 봅니다.

누구도 잠들지 말라!/공주는 잠 못 이루고!

Nessun dorma

– 푸치니 '투란도트' 중

샤또 쎄르땅

푸치니 오페라에는 이 세상의 모든 낭만적인 멜로디들이 다 집약된 듯합니다. 중국 고대의 설화를 바탕으로 한 오페라 투란도트(Turandot) 또한 푸치니 특유의 서정성이 짙은 멜로디로 관객의 눈물샘을 자극합니다. '투란'은 지명이고 '도트'는 딸이란 뜻입니다. 즉 투란의 딸이란 뜻이지요.

푸치니는 이 작품을 완성하지 못하고 후두암으로 죽음을 맞이합니다. 작품의 스케치가 미리 설정되어 있었기에 그의 제자가 이 유작을 완성하여 1926년 밀라노 스칼라극장에서 이제는 전설이 된 지휘자 토스카니니(Arturo Toscanini, 1867-1957)의 지휘로 초연합니다. 토스카니니는 푸치니가 생전에 작곡한 3부의 일부까지만 지휘를 하고 나서는 "푸치니 선생은 여기까지 작곡했습니다"라며 지휘봉을 내려놓았다고 합니다.

공주 투란도트(Turandot)는 외세의 침략으로 할머니가 겁탈 당하고 죽게 되면서 남자를 혐오하는 히스테릭한 성격으로 변하여 얼음처럼 차가운 여성이 되어버립니다. 공주는 자기에게 청혼할 수 있는 남자는 세 개의 수수께끼를 풀어야 하며 못 풀 경우 목숨을 걸어야 한다고 공언했습니다. 공주의 미모에 반한 많은 사람들이 목숨을 건 모험에 도전하지만 결과는 죽음으로 끝이 납니다. 이제는 그 누구도 나서지 못합니다.

그러나 그녀와 서로 적대관계에 있는 타타르의 왕자 칼라프(Calaf)가 새롭게 도전합니다. 얼음공주인 투란도트는 수수께끼를 다 푼 왕자의 지혜와 용기에 탄복하고 마침내 참사랑의 눈을 뜨게 되면서 그 둘은 해피엔딩을 맞이합니다.

여기 3막에 인생의 마지막이 될 수도 있기에 긴장이 흐르는 밤을 지새면서 칼라프 왕자가 부르는 '공주는 잠 못이루고(Nessun dorma)'는 일반인에게는 오페라보다 더 유명한 아리아입니다.

"누구도 잠들지 말라!
당신도, 공주여 그대의 차가운 침방에서 별을 보세요.
사랑과 희망이 전율하는! …
그러면 내 입맞춤이 침묵을 녹이고 그대는 내 것이 될 것이요."

1990년 이탈리아 로마에서 개최된 월드컵 기념 콘서트로 3 테너(루치아노 파바로티, 플라시도 도밍고, 호세 카레라스)의 공연이 열렸습니다. 이때 파바로티가 부른 이 아리아는 감미로우면서 파워풀하고 서정적이어서 지금도 많은 사람들이 기억하고 있습니다.

보르도 지롱드강 우안 뽀므롤에 샤또 쎄르땅(Chateau Certan)을 생산하는 와이너리가 샤또 페트뤼스와 이웃하여 있습니다.

단단히 응집된 남성스러움에 정교하고 우아함을 갖춘 나무랄 데 없는 샤또 쎄르땅은 도회적이고 지적인 세련미까지 갖춰 도무지 빈틈이라고는 찾아볼 수 없는 와인입니다. 메를로 특유의 블랙 라즈베리향와 체리향이 뛰어난 2009년 빈티지는 지혜롭기까지 합니다.

마치 칼라프 왕자가 투란도트 공주에게 자신 있게 접근하여 사랑을 쟁취하는 당당함과 닮았다고 할까요.

나 멀리 떠나리

Ebben, Ne andro lontana

– 알프레도 카탈라니 '라 왈리' 중

알프레도 카탈라니(Alfredo Catalani, 1854-1893)의 오페라 라 왈리(La Wally)는 알프스 트롤지방의 한 마을을 배경으로 한 가슴시리도록 애절한 사랑 이야기입니다.

왈리는 이 마을의 부유한 지주 슈트로밍거(Stromminger)가 늦게 얻은 귀여운 딸입니다. 왈리를 둘러싸고 그녀를 짝사랑하는 빈센쵸 겔너(Vincenzo Gellner)와 그녀가 표현하지는 않았지만 마음속에 담고 있는 주세페 하켄바흐(Giuseppe Hagenbach)와의 사이에 벌어지는 젊은 청년들의 질투와 애증을 담고 있습니다.

아버지는 본인이 선택한 남자 빈센쵸 겔너와 결혼할 것을 단호하게 주장하지만 이를 거부하며 슬픔에 잠긴 왈리가 멀리 떠나며 부르는 아리아가 '나 멀리 떠나리'입니다.

"여기서 멀리 떠나갑니다.
마치 경건한 종소리가 흰 눈 사이로 흘러가듯이
…
오 내가 태어난 즐거운 집에서

바롤로의 포도원

왈리는 멀리 떠납니다.

그리고 아마, 그리고 아마,

두 번 다시 돌아오지 않고

다시 만나는 일은 결코 없을 것입니다."

어머니의 손맛처럼 담백하고도 깊은 맛이 있고, 공기같이 느껴지지 않아도 편안하게 몸을 맡긴 채 듣는 아리아가 아닌가 생각됩니다. 옆에 와인 한잔이 있다면 더 좋을 것 같습니다.

음악사에 남는 두 예술가, 지휘자 토스카니니와 작곡가 푸치니는 서로 잘 알고 아주 친분이 두터운 동반자이었습니다. 오페라 '라보엠'과 '투란도트'의 초연은 토스카니니가 지휘했습니다. 그의 푸치니의 예술세계에 대한 평가도 물론 대단했지만 '카탈라니'가 가장 공감가는 영혼의 소유자라며 극찬했습니다.

토스카니니는 사람이 어떻게 이런 아름다운 멜로디를 쓸 수 있을까? 라며 경의를 표하고 자기의 딸 이름마저 왈리라 지었답니다.

그의 딸 왈리는 20세기 최고의 피아니스트 호로비츠 부인이 되기도 합니다. 카탈라니(1854~1893)는 39세의 젊은 나이에 세상을 떠나지만 생전에는 동향인 푸치니가 시샘하고 질투를 한 천재로 기억되고 있습니다.

비록 많지 않은 작품으로 푸치니와 동등한 반열에 오르진 못했지만 아리아 '나 멀리 떠나리'는 영원히 기억될 겁니다.

이탈리아의 3대 와인산지 중 하나인 이탈리아 북부 피에몬테는 네비올로 품종으로 와인을 만듭니다. 안개(nebbia) 속에서 익어 간다고 해서 네비올로(nebbiolo)라 불립니다.

바롤로와 바르바레스코가 그 대표적인 생산지입니다. 프랑스 부르고뉴의 피노 누아와 비슷한 특성이 있습니다. 유난히 더위가 기승을 부리는 여름이면 감성 와인 네비올로가 가을을 기다리게 합니다.

쥬세페 하켄바흐는 왈리도 자기를 사랑하고 있음을 확인하고 그녀가 살고 있는 산속으로 단숨에 달려갑니다. 하지만 밀려오는 눈사태에 휩쓸려 계곡으로 사라져 버립니다. 왈리 또한 몸을 던져 잿빛 눈 속으로 그의 뒤를 따릅니다.

피에몬테의 가을 새벽안개가 몽환적인 풍경을 자아내며 네비올로를 품듯 알프스의 눈도 두 연인을 풍성한 품속에 안아 주는군요.

별은 빛나건만

E lucevan le Stelle

- 푸치니 '토스카(La Tosca)' 중.

토스카의 연인, 화가 카바라도시(Cavardossi)는 정치범으로 쫓기고 있는 친구 안젤로티를 시골 별장에 숨겨 줍니다. 이를 알게 된 경시총감 스카르피아(Scarpia)는 카바라도시를 체포해 심한 고문으로 다루면서 평소 연모의 정을 가진 토스카에게 육체를 요구하며 거래를 하고자 합니다.

이 거래는 배반, 복수 그리고 살인으로 이어지고, 카바라도시는 감옥에서 죽음을 앞두고 지난 일들을 회상하며 처연하게 노래를 부릅니다.

"별은 빛나고 대지는 싱그러웠지
…
향기로운 그녀가 다가와 내 품에 안기었지.
부드러운 입맞춤과 달콤한 어루만짐
…
이제 절망 속에 죽는구나
이토록 삶을 아쉬워한 적이 있었던가."

이처럼 남자가 울고 남자를 울리는 오페라 아리아가 얼마나 될까요?

2010년 제노아 카를로 펠리체(Carlo Felice)극장에서 파비오 아밀랴토(Fabio Armiliato, 2016년 유명을 달리한 소프라노 다니엘라 대시와 부부 사이)와 2016년 빈 슈타츠오퍼에서 열연한 요나스 카우프만(Jonas Kaufmann)이 부른 이 아리아는 근래에 보기 드문 명연주였습니다. 두 사람 모두 관중의 격렬한 앙코르에 따뜻하게 답해주었습니다. 오페라 무대에서 그처럼 대단한 환호를 거부할 수는 없었던 것이지요.

죽음을 앞에 두고 토해내는 절규에 비견할 와인이 있을까요?

보르도 5대 샤또, 부르고뉴 DRC, 나파밸리 스크리밍 이글과 할란 이스테이트, 스페인의 핑구스, 호주의 펜폴즈 그랑지, 이탈리아 투스칸의 BDM 등 이름만 들어도 살점이 떨리는 많은 와인들이 그 명성을 자랑하지만 감히 삶 자체의 가치에 비할 수 있겠습니까.

인간은 '신의 물방울'이란 와인을 만들고 이를 즐기고 있습니다. 자신이 있음으로 해서 와인이 존재합니다. 감히 인간의 죽음 앞에 와인을 내세우는 것은 온당치 않은 것 같네요. 앞으로도 죽음과 견줄 와인은 결코 나올 수 없습니다. 죽음을 앞두고 생각나는 와인은 있겠지요?

와인 오디세이 **05**

WINE TPO
이런 자리에는 이런 와인이…

상견례 _ Opus One

수년 전 딸아이 혼사 문제로 사돈 될 분들과 상견례 자리가 있었습니다. 장소는 여의도의 아담하고 정갈한 한식당, 혼사가 결정된 상태는 아니어서 꽤 조심스런 자리였습니다. 첫 상견례는 당연히 긴장되는 자리입니다. 더욱이 상대는 독실한 크리스찬이며 고위 공무원을 지냈기에 편안하고 부담 없는 대화를 하기에는 어려운 자리가 될 것 같은 예감이 들었습니다. 나는 이 자리에 오퍼스 원(Opus One)을 가지고 갔습니다.

음식과 어울리는 와인인가를 따지지 않고 혼사의 성사 여부를 떠나서 이 시대를 함께 살아가는 사람들과 좋은 만남이었다는 기억만으로도 가치가 있다는 생각이었습니다.

오퍼스 원

그래서 이 와인이 프랑스 5대 샤또의 무똥 로쉴드와 미국 나파 밸리의 로버트 몬다비가 합작하여 생산해 엄청난 성공을 거둔, 세계적으로 이름난 와인이라고 간단한 설명을 하고 오픈했습니다. 그 순간 오푸스 원 특유의 농익은 과일 향과 체리향이 그리 작지도 않은 방안을 온통 행복한 기운으로 가득 채우며 분위기를 압도했습니

다. 알코올은 입에 대지 않는다는 예비 사돈도 주저없이 와인을 청했습니다.

장르를 불문하고 최고의 경지에는 그 분야의 문외한이라도 큰 감동을 느끼는가 봅니다. 미술품에는 전혀 지식이 없던 나이지만 오스트리아 여행 중 구스타프 클림트(Gustav Klimt, 1862~1918)의 '키스(der Kuss)'라는 작품을 보고 심장이 멎는 듯한 감동을 경험한 바 있습니다.

발레 또한 알지 못하는 장르였지만 우연한 기회에 러시아 볼쇼이발레단의 호두까기 인형을 보고 비슷한 감동을 느낀 기억도 새롭습니다.

이후 부드럽고 편안하게 대화를 풀어나갈 수 있었고, 훌륭한 분들과 사돈관계를 맺어 지금까지 잘 교류하며 지내고 있습니다.

장차 사위가 될 사람에게 와인이 어떠냐고 물었더니 대답이 없었습니다. 다시 질문했더니 예비사위는 "아버님 말 시키지 마십시오, 입안의 향기가 날아가 버립니다"라고 했습니다. 이 말은 내가 함께 와인을 마신 사람들이 표현한 최고의 시음 소감 중 하나입니다.

기념일 선물 _ 장기숙성형 빈티지 와인

자녀들 또는 자기 주위의 소중한 분들의 기념일 선물로 어떤 것이 좋을까요? 많은 것들이 있지만 빈티지 와인이면 오래 오래 기억이 되고 뜻깊은 선물이 아닐까 합니다.

내 사랑하는 손녀딸(클레어 봄 주)은 2015년생, 을미년 양띠 해에 태어났습니다. 와인을 좋아하는 할아버지가 이 아이에게 어떤 선물이 의미가 있을까를 고심하던 중 라벨에 독일 화가 게르하르트 리히터(Gerhard Richter)의 그림이 있는 2015년 빈티지 무똥 로쉴드로 결정했습니다.

이 와이너리의 심볼이 양입니다. 즉 2015년 양띠 해에 태어난 아이에게 장기숙성형 무똥(Mouton, 양) 로쉴드 와인이 딱 제격이라고 생각한 것입니다.

지금은 아무것도 모르겠지만 이 아이가 성인이 된 후에 2015년 빈티지 와인을 대할 때 와인이 지니고 있는 가치도 가치이지만 세월을 거슬러 여행을 하면서 자신의 존재를 느껴보는 시간을 갖는 것도 의미가 있음은 두 말할 필요가 없겠지요.

무똥 로쉴드 2015

프랑스 보르도 5대 샤또 제품은 20년 이상은 충분히 견디고 숙성되기 때문에 먼 훗날 그 애는 제대로 된 맛과 향을 즐기는 행복한 시간을 누리겠지요. 그 모습은 생각만 해도 흐뭇하고 저절로 미소가 지어집니다.

몇 해 전 샤또 라뚜르(Chateau Latour) 1999년 빈티지를 오픈했는데 전혀 시들지 않은 강건한 힘을 느꼈습니다. 결혼기념일, 졸업과 입학, 취직 등 기타 축하하고 싶은 기념일에 장기숙성형 빈티지 와인을 선물해보세요. 세월이 흐를수록 그 가치를 더 할 것입니다. 물론 가격이 좀 비싸 초기 투자가 부담되긴 하지만 오랜 기간 동안 그 병과 아름다운 관계를 지속한다고 생각하면 꼭 비싸다고 할 수는 없습니다.

매년 세계적인 화가의 그림을 와인병 라벨에 넣고 있는 무똥 로쉴드는 2013년 빈티지에 우리나라 이우환 화백의 그림을 넣은 바 있습니다. 이 화백의 세 자녀들은 부모님의 진주혼식을 위해 세계에서 가장 비싸고 럭셔리한 와인 로마네 꽁띠 1990년 빈티지를 구입했답니다.

모르긴 해도 2,000만 원 내외의 가격을 지불했을 것입니다. 와인 심미주의자인 이우환 화백은 그 정성에 감동받아 쉽게 그 병을 딸 수 없었다고 고백한 바 있습니다.

이렇게 장기 숙성이 가능한 빈티지 와인은 시공을 초월하여 그 와인이 가지는 가치가 더 해지거니와 이에 따라 받는 사람은 큰 감동을 느끼게 됩니다.

와인 초보자들 모임 _ Moscato d'Asti

와인은 발효와 숙성 과정을 거치면서 복잡하고 다양한 향과 풍미가 만들어집니다. 마니아들은 그 복잡하고 다양함을 즐기지만 와인 초보자 입장에서는 혼돈스럽고 자칫 싫증이 날 수도 있을 것입니다. 그로 인하여 와인이란 '그 맛이 그 맛이다'라고 속단을 해버리기도 합니다. 그것

무스카토 다스티

은 복잡하고 다양한 부케향보다 바로 쉽게 친근감을 느낄 수 있고 확실한 과일향이 있는 어느 정도 단순한 아로마향에 더 쉽게 끌릴 수 있다는 것입니다.

모스카토 다스티는 이탈리아 피에몬테 지역 아스티(Asti) 마을에서 모스카토란 포도품종으로 만든 화이트와인입니다.

이탈리아에서는 가장 대중적이며 결혼식과 페스티발의 단골 메뉴입니다. 푸른색이 엷게 감돌고 밝은 금빛을 띤 와인이지요. 발효로 인하여 생기는 자연 발생 기포에 이산화탄소를 주입해 가압처리를 하면 약한 스파클링 와인이 됩니다. 이러한 방식의 와인을 프리찬테(Frizzante)라고 합니다. 스푸만테, 스파클링과는 차이가 있습니다.

확실하고 풍부한 과일 향, 순하고 부드러우며 7~9%의 적당한 알코올도수, 적당히 스위트하며 잔잔히 피어오르는 기포, 특별한 안주가 없어도 즐길 수 있는 아주 편안하고 저렴한 와인입니다. 누구도 친하게 접근할 수 있는 와인입니다. 여름에 차게 해서 마시는 모스카토 다스티의 청량감은 정말 일품입니다.

주위 와인 초보자들에게 작은 비용으로 한턱 내보세요, 다들 만족하시며 당신을 와인마니아로 인정할 것입니다.

비오는 날 _ Purple Angel

피플엔젤

비는 우리 감성을 극대화시키는 마력이 있습니다. 수없이 많은 문학 작품과 음악 그리고 회화의 소재로 쓰이는 것이 이를 증명하는 것 아닐까요? 때론 우수에 젖게도 하고, 때론 깊은 사색으로 몰고 가기도 합니다. 빗속에서 우리 모두는 시인이 됩니다.

이런 분위기에 진한 보라빛을 띤 퍼플 엔젤이 어떨까요? 칠레 와이너리 몬테스에서 까르미네르를 주품종으로 만든 프리미엄 와인입니다.

진한 블랙베리와 자두향, 균형잡힌 바디감, 그리고 컬러에서 주는 파워풀한 이미지는 비에 젖어 있는 나의 감성을 더욱 진하고 깊게 만들더군요.

비 오는 날 마셔본 와인 중 최고였습니다. 왜 최고였는지는 내 글재

주로는 설명이 안되는군요. 주위에 많은 와인들이 있는데 말입니다. 하여튼 비와 잘 어울리는 와인임은 분명합니다.

쇼팽의 전주곡 '빗방울'이라도 흘러나온다면 금상첨화입니다. 그리고 유치환 시인의 노래도 생각납니다.

밤 비
해지자 날 흐리더니 너 그리움처럼
또 비가 내린다
문 걸고 등 앞에 있으면 나를 안고도 남는
너의 애정

사랑을 고백할 때 _ Calon Segur

보르도 지방의 샤또 깔롱 세귀르는 메독 지역 생떼스떼프 마을에 있는 그랑크뤼 3등급 와이너리입니다.

"라뚜르와 라피트에서도 와인을 만들지만 내 마음은 언제나 깔롱에 있다."

세귀르 후작은 한 때 칼롱과 함께 보르도 1등급 5대 샤또인 라뚜르와 라피트도 소유했던 시절에 깔롱 세귀르에 대한 애정을 이렇게 표현했습니다. 그래서 이 와이너리의 상징은 하트입니다. 라벨 한가운데 커다란 하트가 그려져 있고 건물 입구에 하트 모양 문장이 들어가 있기도 합니다.

라벨에 그려진 하트모양 때문에 로맨틱해 보여서인지 '신의 물방울' 2권에도 소개된 이 와인은 연인들의 기념일 특히 밸런타인데이에 인기가 높습니다.

깔롱 세귀르

여기에 더하여 '생떼스떼프의 상남자'로 불릴 만큼 부드러우면서 강렬한 인상을 가진 열정적인 와인입니다. 범상치 않은 깊고 진한 루비 컬러, 블랙베리 커런트, 스트로베리 등 아로마와 농축된 향. 그리고 입안에 오래 머무는 탄닌에는 시간이 흐르면서 더 깊은 열정이 느껴집니다. 이런 격정의 깔롱 세귀르로 사랑을 고백해 보세요. 이 와인이 갖고 있는 특성이 상대방을 감동케 하며 분명 그 사랑은 이루어질 겁니다. 깔롱은 지롱드강에서 목재를 실어 나르는 작은 나룻배를 지칭한답니다.

누군가를 위해 준비하는 와인 _ Cheval Blanc

샤또 슈발블랑은 보르도 지롱드강 우안 쌩떼밀리옹에 있는 일등급 그랑크뤼 와이너리입니다. 보통 이 지역에서는 메를로를 주품종으로 쓰고 카베르네 프랑을 보조품종으로 사용하는데, 슈발블랑은 특이하게 카베르네 프랑을 주로, 메를로를 보조로 하여 와인을 만들고 있습니다.

균형 잡힌 풍부한 과일 맛과 피니쉬는 가히 관능적인 와인입니다. 모든 전문가들이 이 와인을 환상적이라고 평가합니다.

슈발블랑은 흰 말이란 뜻입니다. 앙리 4세가 아끼는 백마를 갈아타기 위해 머물렀던 곳이라 부쳐진 이름이라는 설이 있습니다. 그 이유로 백마가 이 와이너리의 상징이 되었습니다.

"나는 백마를 타고 오는 왕자를 기다리는 마음으로 당신을 기다렸다"라며 슈발블랑을 오픈하십시오. 어느 누가 감동을 받지 않겠습니까! 단언컨대 당신이 연출하는 감동의 순간을 벗어날 사람은 없을 것입니다.

슈발 블랑

영화 사이드 웨이의 주인공이 입버릇처럼 '좋은 일이 생기면 오픈하겠다'던 슈발블랑 1961년 빈티지는 결국 실연의 아픔을 달래면서 패스트푸드점에서 종이컵에 따라 마십니다.

"당신을 만나기 위해 지금껏 아끼며 보관하고 있었다"고 고백했다면 상황은 달라질 수도 있었다는 생각이 드네요.

누군가 소중한 사람을 기다린다면 비록 가격은 비싸지만 투자할 가치가 있다고 생각됩니다. 이 와인은 20년 이상은 충분히 기다려줄 파워가 있습니다. 영화 주인공 마일즈는 그 와인을 종이컵에 마시면서 '슈발블랑은 따서 마시는 순간이 특별한 날'이라고 독백합니다.

아무튼 누군가 소중한 사람을 기다린다면 그이를 위해 슈발블랑을 준비하십시오.

여행지에서 마시는 와인 _ 그 지역 와인

우리 집에는 'Wine Lovers Age Gracefully'라는 문구를 새긴 목공예품말이 있습니다. 몇 년 전 친구들과 부부동반으로 미국 서부지역을 여행한 적이 있습니다. LA에서 해안을 따라 북쪽 샌프란시스코 방향으로 여행하면서 솔뱅(Solvang)이란 작은 마을에 들렀습니다. 이 마을은 1911년 덴마크 사람들에 의해 만들어진 덴마크인들의 촌락으로, 마침 마을 축제가 열려 많은 관광객들로 붐볐습니다. 마을 밴드가 동원되고 말을 탄 주민들이 앞장서 무리들을 인도하면서 제법 축제 분위기가 나는 풍경이 연출되었습니다. 그다지 크지 않은 규모지만 꽤 깊은 인상을 남겼는데 미국이 아니라 유럽에 온 듯한 기분이었습니다.

아기자기한 소품 가게, 이름난 빵집, 곳곳에 붙어 있는 솔뱅의 상징 인어공주 마크, 전통 신발가게, 전통 목공예품 공방 등 크지 않은 가게

들이 즐비했었습니다. 그 곳 공방에서 바로 이 푯말을 친구로부터 선물 받았습니다.

와인을 좋아하는 나에게는 더 없이 고맙고 귀한 선물이었습니다.

'와인을 사랑하는 사람들은 우아하게 나이를 먹는다.'

정말 훌륭한 덕담입니다.

이곳에서 가까이에 있는 산타 바바라(Santa Babara)는 영화 사이드 웨이(Side Way)의 배경이 된 유명한 와인 산지입니다. 주로 피노 누아와 샤르도네 품종을 많이 사용합니다.

여행 중에는 어떤 와인을 마셔도 다 맛이 좋겠지만 특히 그 지역에서 생산되는 와인의 맛의 깊이는 말로 다 표현할 수 없을 정도입니다.

그 지방의 사투리가 주는 투박한 정과 고향집 어머니의 깊은 손맛과 같은 소박한 매력에서 우리는 깊은 감동을 받습니다.

청량감이 있으며 과일향이 풍부한 산타 바바라의 샤르도네는 분명 다른 지역의 그것과는 확연한 차이가 있습니다. 여행 중 그 지역에서 생산되는 와인을 마셔보세요. 긴 여운을 두고두고 느끼시게 될 겁니다.

벚꽃엔딩 _ 샴페인

그날 와인 친구들과 점심 후 문수산 아래 분위기 좋은 찻집에서 봄을 즐기고 있었습니다. 벚꽃이 돋보이는 이 집 풍광은 주위 경관도 어우러져서 한 폭의 몽환적인 그림이 되었습니다. 만개 후 비처럼 흩날리는 벚꽃 물결!

'벚꽃 엔딩'은 인디밴드 버스커버스커의 히트곡입니다. 대중음악에는 별 관심이 없는 나도 오늘따라 이 풍경 속에서는 귀에 익은 그 멜로디를 저절로 흥얼거리게 되네요.

이런 분위기에는 '어떤 와인이 어울릴까?' 라고 와인 친구들에게 물었습니다. 한 친구는 "샤르도네를 시원하게 마시고 싶다"라고, 또 다른 친구는 "샴페인이 어울린다"라고 답을 하는군요. 정말 샴페인을 생각나게 하는 풍경입니다.

중력을 거슬러 위로만 올라가면서 뿜어내는 흰색 포말과 바람에 떨어지는 꽃잎의 조화는 실로 환상적입니다. 엷은 황금빛깔의 샴페인 컬러는 소복히 쌓인 흰 꽃잎 위에 피어나는 또 한 송이 꽃이 되었네요.

너무 아름다우면 슬퍼지는 법입니다. 슈베르트의 아르페지오네(Arpeggione) 소나타처럼…

격정의 시간을 앞두고 _ Chateau Margaux

프랑스 보르도 5대 샤또 중 하나인 마고는 치명적인 향을 지닌 와인으로 유명합니다. 그 향이 극단적인 선택을 하게 만들었는지는 모르지만 결말이 좋지 않았던 사례는 이미 앞에서 언급한 바 있습니다.

"겹겹이 접힌 슬픔으로 샤또 마고의 향은 존재한다. 향기는 눈앞에 있으면서 아무리 손을 뻗어도 닿지 않는 유리창 속의 꽃들 같은 것이다.그래서 우리는 누군가의 체취나 피부의 구체적인 촉감을 원하게 된다. 섹스 이외에는 치유할 수 없는…"

무라까미 류의 『와인 한잔의 진실』 중 샤또 마고를 와인과 관능의 상관관계 속에서 풀어간 대목입니다. 총 8편의 모둠 소설 형태로 세계 명품 와인을 하나하나 열어가는 설렘이 있네요. 오푸스 원, 라 티슈, 샤또 디켐, 몽라셰 등을 여기서 찾을 수 있습니다.

저 역시 와인을 전혀 몰랐던 시절 단 한 모금의 마심으로 큰 감동을 받은 와인이 바로 사토 마고임을 생각하면 분명 이 와인으로 인하여 격정의 시간이 있을 것을 예감했는지도 모를 일 입니다. 하루 종일 입안에 남아 있는 향은 와인의 향이 아니라 행복 그 자체였습니다.

사라질듯 하면 어디선가 다시 피어나서 입안을 향으로 가득 채우곤 했습니다. 바로 와인과 인생의 또 다른 면을 느끼게 해주는 순간입니다.

샤또 마고

나를 와인에 빠져들게 한 샤또 마고는 어떤 형태로든 우리 마음속 깊은 곳에 감춰져 있는 그 무엇에 불을 지펴서 격정으로 내몰아 가는 마력이 있음이 분명합니다. 사랑, 열정, 격정, 용기 그 무엇이든 좋습니다. 다만 '실락원'의 주인공들처럼 자살 여행은 아니어야겠지요.

외국인이 방문했을 때 _ 고국에서 생산한 와인

몇 년 전 딸아이의 독일 친구들이 집을 방문했습니다. 대학에서 의학을 공부하는 학생들입니다. 독일 사람답게 검소한 차림, 반듯한 용모와 처신을 보면서 모범생임을 금방 알 수 있었습니다. 한국 문화를 체험하고자 안동 하회마을과 경주 유적지 탐방을 마치고 우리 집에서 1박을 하는 일정입니다.

이 친구들 저녁식사 자리에 후식용으로 독일 라인가우지역의 슐로스 요하니스베르그(Schloss Johannisberg)에서 리슬링 품종으로 생산된 베렌아우스레제 등급의 와인을 내놓았습니다.

여행의 피로감도 잊었는지, 친구 집에서 하는 따뜻한 저녁식사와 함께 자기나라에서 만든 고급와인을 접해서인지 '원더풀'의 연속이었습니다. 이 학생들이 먼 한국의 친구 집에서 독일에서도 구경조차 못해 본 고국의 와인을 마실 거란 생각은 하지 못했을 겁니다. 열대과일의 풍미에서 나오는 스위트한 맛, 향과 함께 자기나라 와인의 진정한 훌륭함을 깊이 느꼈을 법합니다. 지금도 우리 집에서 마셨던 와인을 잊을 수 없다고 한답니다. 역시 세계문화의 공통어는 와인인가 봅니다.

음악 감상회 _ Shiraz

수년전 우리 집에서 미니 클래식 감상회가 있었습니다. 대구에서 모임을 만들어 정기적으로 클래식 음악을 듣는 사람이 우리 집을 방문해서 이뤄진 행사였습니다. 이날 리하르트 슈트라우스(Richard Strauss)의 '짜라투스트라는 이렇게 말했다(Also sprach Zarathustra)'와 말러(Mahler) '교향곡 5번'이 소개되었습니다.

교향곡 5번은 1901~1902년에 작곡된 곡입니다. 이 시기 말러는 극심한 장출혈로 생명의 위협을 느낄 만큼 병마에 시달렸고 의사의 권유로 휴양을 떠나기도 했습니다. 한편, 20세기 최고의 팜므 파탈로 불리는 알마 쉰들러(Alma Schindler)와의 결혼으로 희열과 환희의 시간을 갖기도 했습니다. 극한의 고통과 행복을 동시에 경험한 시기였지요. 그래서 이 교향곡은 말러의 모든 순간이 담긴 작품이란 평가를 듣습니다.

수년 전 타계한 클라우디오 아바도(Claudio Abbado)의 베를린 필이 연주하는 1악장 장송행진곡(Trauermarsch)은 트럼펫의 팡파르를 시작으로 관악기의 역량을 최고조로 극대화시켜 밀려오는 감동을 주체할 수 없는 순간으로 몰아갑니다. 클래식 음악을 수없이 들어왔던 그날의 참석자들은 이구동성으로 '브라보'를 외쳤습니다.

음습하고 염세적이고 죽음을 연상시키는 1악장의 선율이 우리 모두에게 감동으로 밀려온 것입니다. 4악장(Adagietto)은 더 없이 낭만적이고 서정적인 선율을 현악기로만 연주합니다.

알마 쉰들러에게 바치는 사랑의 고백처럼 감미롭고 행복한 선율은 하프가 이끌어갑니다. 영화 '베니스의 죽음'의 배경음악으로도 쓰이는 등, 우리에게는 귀에 익숙한 멜로디입니다.

음악이 주는 감동의 여운이 채 가시기도 전에 나는 호주산 시라즈를 서빙했습니다. 짙은 푸른빛이 감도는 어두운 컬러는 1악장 장송 행진곡을 연상케 하는군요. 장송 행진곡의 감동을 검푸른 빛깔의 시라즈가 더욱 길게 이어주고 있었습니다.

와인마니아 모임 _ 수평·수직 시음

이미 수차례 언급했듯이 병입된 와인은 오픈하는 순간부터 변화가 시작됩니다. 공기와 접촉하면서 여러 형태의 맛과 향을 제공하는 것입니다. 이처럼 폭이 넓은 미향을 제대로 향유하고 나아가서 와인의 깊은 경지를 이해하기 위해 우리는 가끔 시음회를 갖습니다. 모임의 주최자에 따라 방법의 차이는 있지만 제대로 된 시음회는 대체로 '수평시음'과 '수직시음'으로 이뤄집니다. 여러 종류의 품종을 음미하는 것은 수평시음이라 하고 한 품종의 와인을 빈티지별로 비교하는 것을 수직시음이라고 합니다.

얼마 전 주위의 와인 친구들과 한 모임은 수직, 수평 두 방법을 같이 한 시음회였습니다. 절대미각을 가지고 있는 고수들도 많이 참석해서 와인 한잔이 주는 다양한 기쁨을 만끽하는 시간이었습니다. 이날 수평시음에 사용된 와인은 BDM 산지오베제와 부르고뉴 프리미어 크뤼 피노 누아, 보르도 그랑크뤼 까베르네 소비뇽, 미국 소노마밸리의 그르나슈, 이탈리아 알리아니코 등 일곱 품종의 와인을 비교 시음했습니다.

수직시음은 밴드 지킴이 총무가 마릴린 멜롯(Marilyn Merlot) 2006, 2007, 2015년 빈티지를 서빙해서 값진 경험을 하기도 했습니다.

마릴린 멜롯은 메를로 85%와 까베르네 소비뇽 15%로 미국 나파밸리 오크빌에서 만든 와인입니다. 관능미와 농염한 자태로 세계인의 사랑을 받은 배우 마릴린 먼로가 등록상표입니다. 이 회사는 그녀의 사진과 마릴린, 그리고 본명인 노마 진(Noma Jean) 모두를 트레이드마크로 사용할 수 있다고 합니다.

알코올도수는 13.9%이고 잘 익은 체리와 초콜릿이 어우러져 바디감 있는 풍미를 느끼게 하는 와인입니다.

와인 모임에서는 꼭 수평과 수직시음을 해보기를 권합니다. 와인의 다양하고도 진정한 깊이를 경험하게 될 것입니다.

연세가 높은 사람들 _ Aile d'Argent

지금껏 여러 계층의 사람들에게 다양한 와인을 서빙하면서 모두를 만족시켰다고 자부합니다. 가장 쉬웠던 서빙은 와인마니아 모임입니다. 와인에 대한 이해가 빨라서 어떤 종류의 와인이라도 다 소화하고 즐길 수 있기 때문입니다.

초보자 그룹은 와인에 대한 이해는 부족하지만 누구나 부담감 없이 즐길 수 있는 과일향 풍부한 부드러운 와인이라면 다들 만족합니다.

좀 신경을 써야하는 그룹은 마니아와 초보자가 함께하는 와인 모임입니다. 이 경우 서로 조금씩 양보해서 중간 지점의 와인을 제공하면 별문제 없이 즐길 수 있습니다.

그런데 어르신들께는 매우 신경이 쓰입니다. 특히 아내 외가 어르신들이 우리 집을 방문하신다 했을 때는 약간 난감했습니다. 팔순 내외의 고령인 이분들은 왕년에 사회의 중추 역할을 하셨지만, 와인을 늘 가까이 하신 것도 아니고 와인에 대한 이해가 많지도 않을 것입니다. 어떤 와인을 대접해야 만족하실지 걱정되었습니다.

나름대로 깊이 생각한 결과 첫째, 알코올도수가 적절해야 하며 둘째, 드라이한 것보다는 중간 드라이(Semi dry)의 향과 맛. 셋째, 구조가 강건하고 바디감이 강한 와인보다는 타닌이 적게 들어있고 과일향이 부드러운 화이트와인이 (이분들에게) 어울린다고 결론을 내렸습니다. 이런 조건에 딱 어울리는 와인이 있습니다.

엘 다르장

엘 다르장(Aile d'Argent)은 무똥 로쉴드에서 만든 유일한 화이트와인입니다. 그랑크뤼 1등급 레드와인만 생산하는 이 업체는 와이너리 방문 고객을 접대하기 위해 화이트와인을 소량 생산했는데, 이 와인이 좋은 반응을 얻으면서 '은빛 날개'란 뜻의 엘 다르장이란 레이블로 1991년부터 본

격 판매에 들어갔습니다. 하지만 무똥 로쉴드의 이름값을 하지 못했다는 평가를 받게 됩니다. 수령이 어린 나무의 포도를 쓰다 보니 신선함은 있지만 풍미가 부족하며 가격 대비 형편없는 와인이라며 로버트 파커는 74점이라는 굴욕적인 점수를 매겼습니다.

항상 1등만 고집하고 어느 누구보다 자존심 강한 무똥 로쉴드의 스타일을 구긴 셈입니다. 절치부심! 2000년부터는 제대로 만들어졌다는 평가와 함께 생산량 대비 희소가치까지 인정받아 화이트와인으로는 고가이면서 인기 와인으로 대접을 받게 되었습니다.

소미뇽 블랑과 세미용 품종을 블렌딩해서 만든 황금색의 이 와인은 적은 타닌, 적당한 산도와 낮은 당도, 그리고 풍부한 복숭아향과 과일향 때문에 연세 높은 어르신들에게 딱 어울리는 음료입니다.

엘 다르장과 함께라면 여생을 건강하고 활기찬 은빛 날갯짓을 하면서 보내시게 될 것입니다.

크루즈 여행 _ Pinot Noir

2018년 초봄에 크루즈 여행을 떠났습니다. 중학교 동창들 부부와 함께 칠레 산티아고를 출발, 적도를 지나서 파나마운하를 통과, 대서양으로 진입하여 쿠바를 옆에 두고 미국 플로리다에 도착하는 13박 14일의 일정이었습니다.

크루즈선은 최고급 시설에 승객들을 대하는 서빙 수준도 높습니다.

배 안에서 많은 것을 즐길 수 있고 정말 없는 게 없는 시설이지만 밤이 되면 분위기가 달라집니다. 사방 어디를 둘러봐도 흑암의 적막입니다. 어둠속의 망망대해가 모든 것을 삼켜버릴 것 같은 두려움을 느낍니다. 크루즈 여행은 참 많은 즐거움을 주지만 제한된 공간에서 오는 갑갑함은 어쩔 수 없는 한계인 것 같습니다.

피노 누아는 프랑스 부르고뉴가 고향입니다. 서늘한 기후에서 잘 자라며 생육이 까다롭기로 소문난 품종이라 아무 곳에서나 잘 자라지 않습니다. 그런 특성 때문인지는 모르지만 블렌딩보다는 단일 품종으로 명품 레드와인으로 만들어지며 그 색깔은 연하고 부드러우면서 밝은 루비색을 띱니다.

향이 주는 감흥은 깊고 화려함보다는 은은하고 긴 여운이 두드러집니다. 그 속에서 느끼는 섬세함과 고상함은 세련된 난에서 은은하게 피어나는 향과 같습니다.

다른 품종과는 확연히 차이가 나는 색, 향, 맛은 칠흑같이 어두운 바다 한가운데에서 즐기는 크루즈 디너에 꼭 어울립니다. 그 향과 맛은 크루즈여행에서 느끼는 답답함과 사방이 어두운 밤 풍경 속에서 그 가치를 발하면서 만찬 자리를 빛내줍니다.

혼자 있을 때 _ 아끼는 와인

와인은 누군가와 같이 마시는 과일주 입니다. 함께 즐기면 그 기쁨 또한 배가 됨은 누구나 다 아는 사실입니다. 그렇지만 혼자일 때 와인 한 잔이 그리울 때가 있습니다.

살아오면서 후회스러운 일들, 정말 혼자라는 외로움, 그리고 내 삶에 부끄러운 장면들이 하나 가득 밀려올 때 와인 한잔 생각이 간절합니다.

혼자 마시기 위해 한 병을 따는 게 쉽지 않지만 이럴 때 소중히 여겼던 와인을 과감하게 오픈하세요.

"한 병의 와인은 살아있는 생명이나 다름없어요. 그래서 와인은 계속 발전하면서 점점 복잡해지죠. 당신이 가져온 61년산 슈발블랑처럼 정점에 달할 때까지 말이에요. 그 후론 어쩔 수 없이 차츰 쇠퇴하기 시작하는 겁니다."-영화 '사이드 웨이' 중 마야의 대사

숙성된 감칠맛이 고혹적인데다 잔을 흔들 때(Swirling) 잔 안쪽 벽을 타고 흘러내리는 와인이 눈물처럼 느껴집니다. 하기야 살아있는 와인이 주인을 위해 그 생을 마감하는데 눈물이 왜 없겠습니까?

소멸하기 직전 바로 그 정점에 있는 가치를 느껴보세요. 후회되고 부끄러웠던 자신에게, '주인님은 혼자가 아닙니다. 제가 주인님의 옆에서'라며 아끼던 그 녀석이 위로를 하는군요.

그때 내게 속삭인 와인은 내가 그간 그에게 쏟은 애정에 보답이라도 하듯 힘들고 외로울 때 든든한 동반자가 되어주었습니다.

프랑스 아비뇽

프랑스 샹파뉴 지방의 광활한 포도원

포도주와 친구하며 얻은 진실

상재에 즈음하여 쓴 글을 다시 한번 읽어보니 후련하다기보다는 오히려 부끄러운 생각이 더욱 크게 밀려온다.

이 책을 읽는 사람들이 보잘것 없는 내용을 탓할까도 걱정이 되고, 또 행여나 잘못된 지식으로 그분들을 오도하지나 않을까 하는 두려움도 적지 않다. 그러나 필자는 포도주를 알게 되고, 그 속에 빠지면서 나름의 철학을 가지게 되었고 그것을 이 책에서 산만하지만 솔직하고 거짓 없이 피력하고자 했기에 크게 꺼리끼는 바는 없다.

필자로서는 단 한 사람이라도 더 포도주를 즐기게 되고 생활을 풍성하고 의미있게 하는데 이 책이 자극을 줄 수 있다면 더 바랄 것이 없겠다.

비록 수 천년 과거로부터 많은 사람들이 - 그 중에서는 세계사적 위인들도 적지 않거니와 - 포도주에 대해서 고매하고도 깊은 견해를 운위하였다 하더라도 가장 중요한 것은 이 문화적 산물을 경험하는 개개인의 느끼는 감정이요, 또 거기에서부터 형성되는 나름의 생활철학이라는 것이다.

금와당(金蛙堂) 전경

어떤 포도주를 만드는 데 쏟는 비용, 정성, 기술이 아무리 대단해도 즐기고, 감동하면서 깊은 의미를 이끌어내며 삶을 아름답게 하는 주체는 다름아닌 개인, 나 자신인 것이다.

이것이 내가 포도주와 친구가 되며 얻은 진실 중에서 가장 앞세우고 싶은 바다.

그동안 도움을 준 나의 와인 스승이자 와인 친구로, 먼저 세상을 등진 아우 승년과 오페라에 정통한 사랑하는 아내 이미란에게 이 책을 바친다.

2020년 정초 금와당에서 **김좌년**

김좌년의 와인 오디세이

문화를 음미하다

초판 1쇄 인쇄 | 2020년 1월 10일
초판 1쇄 발행 | 2020년 1월 20일

지은이 | 김좌년
펴낸이 | 최혜정
펴낸곳 | 초이스북
출판등록 | 2009년 12월 9일 제307-2012-19호
주소 | 서울시 성북구 성북로5길 9-3
전화 | 02-720-7773
팩스 | 02-720-7760
이메일 | choisbook@gmail.com
사진 | 장영준, 조의환
디자인 | 조의환, 오숙이

ISBN 979-11-86204-28-3 03590

값 18,000원